राकेट की कहानी

[विज्ञान]

[भारत में राकेट यान संबंधी खोजों और अनुसंधानों के शुरू होने से लेकर ए.एस.एल.वी. के प्रक्षेपण और उससे आगे के विकास-क्रम की दिशा को रेखांकित करती किताब]

राकेट की कहानी

गुणाकर मुळे

संपादन

शांति गुणाकर मुळे

ज्ञान विज्ञान प्रकाशन

नई दिल्ली–110 002

मूल्य : ₹250

पहला संस्करण : 2015
दूसरा संस्करण : 2019

प्रकाशक
ज्ञान विज्ञान प्रकाशन
1-बी, नेताजी सुभाष मार्ग, दरियागंज
नई दिल्ली-110 002

मुद्रक
बी.के. ऑफसेट
नवीन शाहदरा, दिल्ली-110 032

ROCKET KI KAHANI
by Gunakar Muley
Edited by Shanti Gunakar Muley

ISBN : 978-93-81863-35-0

प्राक्कथन

मैं बचपन से दिवाली और शादियों में आतिशबाजी के करिश्मों को देखती आ रही हूं। बड़े होने पर पता चला यह पटाखा राकेट है जिसमें नीचे आग लगाते हैं तो वह ऊपर जाकर आवाज करता है और उसमें से तरह-तरह की रंग-बिरंगी बिजली-सी चमकती है और खत्म हो जाती है। लेकिन अब सब हमें समझ आता है।

आज राकेट का इतना अधिक महत्त्व है, लड़ाई में बम चलाने के, अंतरिक्ष में उपग्रह छोड़ने के, मिसाइल आदि के लिए राकेट की आवश्यकता होती है। जिससे अंतरिक्ष की गतिविधियों का ज्ञान प्राप्त हो रहा है।

इसीलिए राकेट की कहानी पुस्तक प्रकाशित करवा रही हूं। इसमें श्री गुणाकर जी के समय-समय पर लिखे हुए लेख हैं। इनमें राकेट का इतिहास, टेक्नालॉजी आवश्यकता तथा उपयोगिता को उजागर किया गया है। जो आज के जमाने में, जबकि हम मंगल, शनि, चांद पर जाकर उनकी छान-बीन करने में जुटे हुए हैं।

आशा है कि श्री गुणाकर मुळे के लेखों का संग्रह राकेट की कहानी सभी पाठकों को पसंद आएंगी।

—शांति गुणाकर मुळे

सी-210
पांडव नगर
दिल्ली-92
12.12.2013
फोन : 22485168

अनुक्रम

राकेट की कहानी

राकेट की कहानी

राकेट एक यान है, एक वाहन है। यह वाहन आदमी को चंद्रमा पर ले गया है और वहां से उसे सुरक्षित वापस ले आया है। इस वाहन ने शुक्र तथा मंगल ग्रहों पर वैज्ञानिक उपकरण उतारे हैं। यह वाहन सौर-मंडल की सीमाओं को लांघने में भी समर्थ है। मानव-निर्मित इस नए यान के लिए अंतरिक्ष ने अपने सभी मार्ग मुक्त कर दिए हैं।

चलने या दौड़ने के लिए हमें धरती का आधार चाहिए। बैलगाड़ी या मोटर-गाड़ी को भी धरातल का आधार चाहिए। नौका, जहाज या पनडुब्बी को केवल पानी में ही चलाया जा सकता है। विमान केवल धरातल के समीप के वायुमंडल में ही यात्रा कर सकते हैं। परंतु राकेट-यान के लिए किसी भी बाह्य आधार की जरूरत नहीं है।

मानव ने आज तक जितने भी वाहनों का आविष्कार किया है, उनमें राकेट ही एक ऐसा वाहन है जिसके संचालन के लिए किसी बाह्य आधार की आवश्यकता नहीं होती। वायुरहित अंतरिक्ष में केवल राकेट-यान ही यात्रा कर सकता है। अंतरिक्ष-यात्रा का एकमात्र साधन यह राकेट-यान ही है। अतः मानव जाति के लिए इस राकेट-यान का महत्त्व स्पष्ट है।

आतिशबाजी में या त्योहारों के अवसरों पर जिन 'राकेटों' को उड़ाया जाता है, उनका आविष्कार सदियों पहले हुआ था। मनोरंजन करने वाले इन छोटे राकेटों में और आदमी को चंद्रमा तक पहुंचाने वाले आज के भीमकाय राकेटों में सिद्धान्ततः कोई अंतर नहीं है। आतिशबाजी के 'राकेट' भी निर्वात अंतरिक्ष में यात्रा कर सकते हैं।

आतिशबाजी का 'राकेट' शक्तिशाली नहीं होता, इसलिए वह कुछ मीटर ऊपर जाकर नीचे आ गिरता है। परंतु अब ऐसे राकेट बन चुके हैं जो पृथ्वी के गुरुत्वाकर्षण क्षेत्र को लांघते हुए बाह्य अंतरिक्ष में पहुंच जाते हैं। हम यह भी जानते हैं कि राकेट-यान को करीब 8 किलोमीटर प्रति सेकंड का वेग प्रदान करने पर यह पृथ्वी की परिक्रमा करने लग जाता है और इसे करीब 11.2 किलोमीटर

प्रति सेकंड का वेग प्रदान किया जाए तो यह पृथ्वी के गुरुत्वाकर्षण के बंधन को तोड़कर सूर्य की परिक्रमा करने लग जाता है। राकेट को इतना ऊंचा वेग प्रदान करना करीब पंद्रह-बीस साल पहले ही संभव हुआ है।

आदिम काल से लेकर आज तक आदमी ने जिन वाहनों का आविष्कार किया है या जिन प्राकृतिक वाहनों का इस्तेमाल किया है, उनकी गतियों पर यदि हम विचार करें तो हमें जानकारी मिलती है कि मानव-समाज किस प्रकार प्रगति करता रहा है।

करीब दस लाख साल पहले, विकास की शृंखला के अंतर्गत, इस धरती पर मानव ने जन्म लिया। लाखों साल तक उसके दो पैर ही उसका वाहन थे। उसके इस प्राकृतिक वाहन का वेग चलते समय छह-सात किलोमीटर प्रति घंटा और दौड़ते समय पंद्रह-बीस किलोमीटर प्रति घंटे से अधिक नहीं था।

जानकारी मिलती है कि करीब चार हजार साल पहले, 2000 ई.पू. के आसपास, आदमी ने पहली बार घोड़े को अपना वाहन बनाया। इतिहास से यह भी जानकारी मिलती है कि सबसे पहले मध्य एशिया के उन लोगों ने घोड़े को वाहन बनाया था, जिनकी कुछ शाखाएं भारत पहुंच गई थीं और जिन्हें हम आर्य लोग कहते हैं। यहां यह जानना उपयोगी होगा कि संस्कृत भाषा के प्राचीन साहित्य में घोड़े के लिए 'यान' तथा 'वाहन' शब्दों का भी इस्तेमाल हुआ है। भारत में पहुंचे हुए खानाबदोश आर्य लोग अपने इस 'वाहन' को अधिक-से-अधिक 50 किलोमीटर प्रति घंटे के वेग से ही दौड़ाने में समर्थ रहे होंगे।

पाषाण-युग के मानव ने नदियों को पार करने के लिए नौकाएं बना ली थीं। आज से चार-पांच हजार साल पहले, ताम्र युग में, समुद्र-यात्रा के लिए बड़ी नौकाएं बनीं। भाप के इंजन से चलने वाले जहाज 1800 ई. के बाद बने। राबर्ट फुल्टन ने पहली वाष्प-नौका 17 अगस्त, 1807 को हडसन नदी (न्यूयार्क) में चलाई।

जॉर्ज स्टीफेंसन के 'लोहे के घोड़े' (रेल-इंजन) ने संसार की पहली रेलगाड़ी 27 सितंबर, 1825 ई. को खींची। इस रेलगाड़ी का महत्तम वेग 20 किलोमीटर प्रति घंटा था। 1829 ई. में स्टीफेंसन के 'राकेट' नामक रेल-इंजन ने एक प्रतिस्पर्धा में विजय प्राप्त की। 1905 ई. में एक रेल-इंजन का वेग लगभग 210 किलोमीटर प्रति घंटा रहा।

राइट-बंधुओं ने संसार का पहला हवाई जहाज 1903 ई. में उड़ाया। अपनी पहली उड़ान में वे 12 सेकंडों में कोई 40 मीटर ऊपर गए। अब ऐसे भी जेट-विमान बन चुके हैं जो करीब 3000 किलोमीटर प्रति घंटे की रफ्तार से उड़ते हैं।

अब राकेट की उड़ान पर विचार कीजिए। आतिशबाजी का 'राकेट' चंद सेकंडों में तीस-चालीस मीटर ऊपर पहुंच जाता है। दूसरे महायुद्ध के दौरान जर्मनी के वैज्ञानिकों ने 3 अक्टूबर, 1942 के दिन जिस वी-2 नामक राकेट का पहली बार परीक्षण किया था, वह करीब 100 किलोमीटर ऊपर पहुंचा था और उसका महत्तम वेग लगभग 5500 किलोमीटर प्रति घंटा था।

दूसरे महायुद्ध के बाद ऊपरी वायुमंडल के वैज्ञानिक अध्ययन के लिए राकेटों का इस्तेमाल होने लगा। राकेटों के सिरों पर वैज्ञानिक यंत्र स्थापित करके इन्हें ऊपर भेजा जाए तो ऊपरी वायुमंडल के बारे में बड़ी उपयोगी जानकारी मिलती है। राकेट के सिरे पर यदि एटम-बम या हाइड्रोजन-बम को स्थापित कर दिया जाए तो यह एक विध्वंसक प्रक्षेपणास्त्र बन जाता है। परंतु 1957 ई. तक ऐसा कोई राकेट या प्रक्षेपणास्त्र नहीं बना था जो पृथ्वी की परिक्रमा करता रह सकता या पृथ्वी के गुरुत्वाकर्षण को लांघकर चंद्रमा या अन्य ग्रहों तक पहुंच जाता।

हम जानते हैं कि किसी पिंड को यदि करीब 8 किलोमीटर प्रति सेकंड या 28,800 किलोमीटर प्रति घंटे का वेग प्रदान किया जाए तो वह चार-पांच सौ किलोमीटर ऊपर पहुंचकर पृथ्वी की परिक्रमा करने लग जाता है और यदि किसी पिंड को 11.2 किलोमीटर प्रति सेकंड या 39,200 किलोमीटर प्रति घंटे का वेग प्रदान किया जाए तो वह पृथ्वी के गुरुत्वाकर्षण के बंधन को लांघकर सौर-मंडल का एक स्वतंत्र ग्रह बन जा सकता है।

4 अक्तूबर, 1957 के दिन सोवियत वैज्ञानिकों ने स्पूतनिक-1 नामक वैज्ञानिक उपग्रह को एक शक्तिशाली राकेट के सिरे पर स्थापित करके उसे ऊपर भेजा। यह राकेट 8 किलोमीटर प्रति सेकंड की गति प्राप्त करने में समर्थ

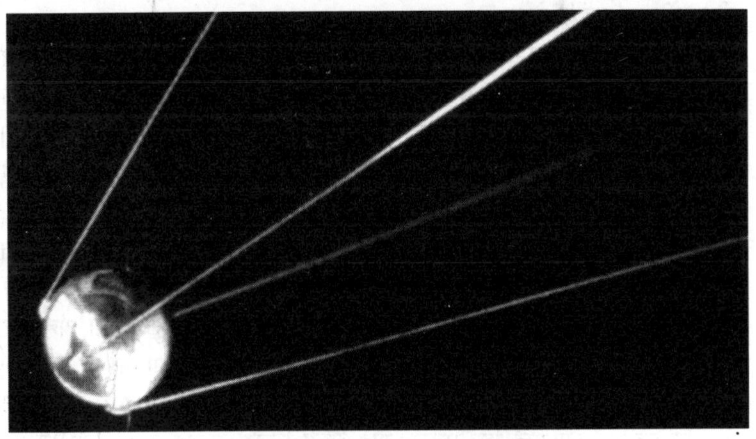

मानव-निर्मित पहला कृत्रिम उपग्रह : स्पूतनिक-1

था, इसलिए उसने स्पूतनिक-1 को पृथ्वी का एक कृत्रिम उपग्रह बना दिया। धरातल से इस उपग्रह की महत्तम ऊंचाई 947 किलोमीटर और न्यूनतम ऊंचाई 228 किलोमीटर थी। मानव-निर्मित यह प्रथम उपग्रह 27,200 किलोमीटर प्रति घंटे के वेग से 96.2 मिनटों में पृथ्वी का एक चक्कर लगा लेता था।

किसी भी पिंड या यान को चंद्रमा तक पहुंचाने के लिए राकेट-यान को 11 किलोमीटर प्रति सेकंड से कुछ अधिक वेग देना होता है। 2 जनवरी, 1959 के दिन सोवियत वैज्ञानिकों ने ऐसा ही एक शक्तिशाली राकेट अंतरिक्ष में भेजा। इस राकेट ने लूना-1 स्टेशन को चंद्रमा के निकट पहुंचा दिया और अंत में उसने सूर्य की परिक्रमा शुरू कर दी, यानी यह सौर-मंडल का एक कृत्रिम ग्रह बन गया।

प्राकृतिक या मानव-निर्मित वाहन तथा उनके वेगों के उपर्युक्त विवेचन से स्पष्ट होता है कि उच्च वेग प्राप्त करना वर्तमान सदी में ही संभव हुआ है, इस दिशा में सर्वाधिक प्रगति वर्तमान सदी में ही हुई है। संक्षेप में हम कह सकते हैं कि आज राकेट-यानों को 40,000 किलोमीटर प्रति घंटे की गति प्रदान करना संभव है लेकिन राकेट-यान के वेग की सैद्धांतिक सीमा यही नहीं है। इसका विवेचन हम आगे करेंगे।

राकेट-यान का महत्त्व स्पष्ट है। यही एक यान है जो निर्वात अंतरिक्ष में यात्रा कर सकता है। इसी मानव-निर्मित यान ने अंतरिक्ष-यात्रा के युग का उद्घाटन किया है। राकेट-यान ने धरती के मानव को चंद्रमा तक पहुंचाया है। निकट भविष्य में यह यान आदमी को सौर-मंडल के सभी ग्रहों तक पहुंचा देगा। और आगे यही यान आदमी को दूसरे तारों के ग्रहों तक या आकाशगंगा की दूरस्थ सीमाओं तक पहुंचा देगा।

बैलगाड़ी या घोड़ागाड़ी जैसे पुरातन वाहनों ने कई शताब्दियों तक मानव जाति की सेवा की है और हम सबको इनकी अच्छी जानकारी है। मोटरगाड़ी या रेलगाड़ी की भी हम सबको जानकारी है। विमान-यात्रा सबने भले ही न की हो। किंतु विमान कैसा होता है या कैसे उड़ता है, इसकी थोड़ी-बहुत जानकारी बहुतों को है।

लेकिन अब राकेट-यान का युग है। यह युग हमारे समय में शुरू हुआ है। भविष्य में अधिकाधिक शक्तिशाली राकेट-यानों का निर्माण होगा। नातिदूर भविष्य में यह यान आदमी को सौर-मंडल के अन्य ग्रहों तक पहुंचा देगा, यह यान अन्तरिक्ष-यात्रियों को सौर-मंडल की सीमा के बाहर भी ले जाएगा।

ऐसे इस अद्भुत राकेट-यान की बहुत कम लोगों की जानकारी है। बहुत से लोग नहीं समझ पाते कि राकेट-यान बिना किसी बाह्य आधार के निर्वात

अंतरिक्ष में किस प्रकार यात्रा करता है। अभी कुछ दशक पहले चोटी के कुछ वैज्ञानिक भी यह मानने को तैयार नहीं थे कि राकेट निर्वात अंतरिक्ष में यात्रा कर सकता है।

राकेटों के निर्माण में बेशुमार तकनीकी कठिनाइयां भले ही हों, किन्तु इनकी रचना कैसी होती है और ये कैसे काम करते हैं, यह समझने में कठिनाई नहीं है। सैद्धांतिक दृष्टि से आज के शक्तिशाली राकेट उसी प्रकार काम करते हैं, जिस प्रकार हमारे चिर-परिचित आतिशबाजी के 'राकेट' ऊपर उठते हैं। इसलिए प्राचीन काल के 'अग्निबाणों' से ही हम इस राकेट की कहानी का आरंभ करते हैं।

राकेट टेक्नालॉजी

राकेट टेक्नालॉजी एक ऐसी नाजुक चीज है जिसके विकास में दुनिया के धनी देश विकासशील देशों को कोई मदद नहीं देते। कारण यह है कि राकेट न केवल अंतरिक्ष अनुसंधान का एक बुनियादी साधन है, बल्कि यह एक विनाशक प्रक्षेपास्त्र भी बन सकता है। सोवियत संघ ने उपग्रहों के निर्माण में हमें सहयोग दिया। हमारे उपग्रह अंतरिक्ष में स्थापित कर देने में भी मदद की परंतु अपने राकेटों का विकास हमें पूर्णतः अपने बल पर ही करना पड़ा है।

भारत ने पिछले दो दशकों में राकेटों के विकास में बड़ी तेजी से उन्नति की है। अंतरिक्ष विभाग के हमारे वैज्ञानिकों ने अब एक नया शक्तिशाली राकेट बना लिया। प्रथम परीक्षण के लिए इस राकेट को आंध्र प्रदेश के तटवर्ती द्वीप श्रीहरिकोटा के राष्ट्रीय अंतरिक्ष अड्डे के लांच-पैड पर खड़ा कर दिया गया है। अब इसी महीने किसी भी दिन इसे अंतरिक्ष में छोड़ा जाएगा।* इस नए राकेट का नाम है आगमेंटेड सैटेलाइट लांच वेहिकल ए.एस.एल.वी. यानी संवर्द्धित उपग्रह वाहक यान।

नया ए.एस.एल.वी. राकेट हमारे एस.एल.वी.-3 राकेट का संवर्द्धित आगमेंटेड रूप है, इसलिए सबसे पहले एस.एल.वी.-3 की रचना और कार्यप्रणाली को समझ लेना उपयोगी होगा।

एस.एल.वी.-3 चार खंडों वाला राकेट है। करीब 23 मीटर ऊंचे इस राकेट का कुल भार 17 टन है। इसके निचले खोल के खंड का व्यास एक मीटर है और ऊपरी खंड के खोल का व्यास 60 सेंटीमीटर है। इस राकेट के चारों खंडों में ठोस प्रणोदक यानी ईंधन भरा जाता है। भारतीय वैज्ञानिकों को स्वयं अपने प्रयासों से इस विशिष्ट ठोस ईंधन का विकास किया है। एस.एल.वी.-3 राकेट में कुल मिलाकर करीब एक लाख कल-पुर्जों का इस्तेमाल हुआ है।

एस.एल.वी.-3 राकेट के 1980-82 के दौरान कई सफल परीक्षण हुए। इस राकेट से करीब 40 किलोग्राम भार के रोहिणी उपग्रहों को अंतरिक्ष में स्थापित

* ए.एस.एल.वी. की दो उड़ानें (24-03-1987 व 12-07-1988) असफल रहीं। यह सफलतापूर्वक 20-05-1992 को छोड़ा गया।

किया गया। एक छोटे उपग्रह को पार्थिव कक्षा में स्थापित कर सकने में समर्थ यह भारत का पहला राकेट था। ऐसे उपग्रह-वाहक राकेट का विकास कर पाना आसान काम नहीं है। ऐसे राकेट का निर्माण करने वाला भारत दुनिया का सातवां देश बन गया है।

श्रीहरिकोटा के अंतरिक्ष अड्डे के लांच-पैड पर अब जिस नए ए.एस.एल.वी. राकेट को इसके प्रथम परीक्षण के लिए खड़ा कर दिया गया है वह काफी हद तक एस.एल.वी.-3 जैसा ही है। इस नए राकेट में भी चार खंड हैं। चारों खंडों में ठोस प्रणोदक यानी ईंधन भरा गया है। इसकी भी ऊंचाई 23 मीटर ही है लेकिन इसमें एक नई चीज यह है कि इसके निचले खंड के साथ उसी प्रकार के दो और खंड जोड़ दिए गए हैं। इन अतिरिक्त राकेटों को बूस्टर कहते हैं।

बूस्टरों से राकेट की शक्ति काफी बढ़ जाती है। राकेट अधिक तेजी से ऊपर उठता है, अधिक ऊंचाई तक पहुंचता है और अधिक भार के उपग्रह को अंतरिक्ष में पहुंचा देता है। ए.एस.एल.वी. का निचला खंड और इसके साथ जुड़े हुए दोनों बूस्टर राकेट एक साथ प्रज्वलित होंगे और समूचा राकेट अधिक शक्ति के साथ ऊपर जाएगा। दो बूस्टर बांध देने से ए.एस.एल.वी. का भार अब 40 टन हो गया है।

एस.एल.वी.-3 से 40 किलोग्राम भार के रोहिणी उपग्रह को करीब 300 किलोमीटर ऊपर की कक्षा में छोड़ना संभव हुआ था। नया शक्तिशाली ए.एस.एल.वी. राकेट 150 किलोग्राम भार के एक उपग्रह को करीब 400 किलोमीटर ऊपर की कक्षा में छोड़ने में समर्थ होगा। इस नए राकेट से जिस उपग्रह को अंतरिक्ष में छोड़ा जा रहा है उसे भारतीय वैज्ञानिकों ने स्ट्रैच्ड रोहिणी सैटेलाइट सीरिज संक्षेप में स्तोस यानी विस्तारित रोहिणी उपग्रह श्रृंखला का नाम दिया है।

भारतीय राकेटों और उपग्रहों के नामकरण की स्थिति बड़ी विचित्र है। भारतीय उपग्रहों को आर्यभट, भास्कर और रोहिणी जैसे सार्थक ऐतिहासिक-पौराणिक नाम दिए गए। परंतु सभी भारतीय उपग्रह को, किसी कारण, भारतीय नाम देना संभव नहीं हुआ। एप्पल उपग्रह भारतीय वैज्ञानिकों ने पूर्णतः अपने बल पर बनाया था फिर भी उसे अंग्रेजी नाम दिया गया। इन्सैट उपग्रह एक अमेरिकी कंपनी को पैसा देकर बनवाए गए हैं फिर भी इन्हें एक भारतीय नाम देना संभव नहीं हुआ।

रोहिणी श्रीकृष्ण के जन्म-नक्षत्र का नाम है। भारतीय उपग्रह के लिए यह एक बढ़िया पौराणिक नाम था लेकिन अब ए.एस.एल.वी. राकेट से 150 किलोग्राम भार के जिस उपग्रह को नाम दिया गया है उसमें हमारे अंतरिक्ष विभाग के वैज्ञानिकों ने सूझ-बूझ से काम नहीं किया है। स्त्रोस एक खिचड़ी नाम है।

पाश्चात्य देशों ने अपने राकेटों को टाइटन, अपोलो, सैटर्न, एरिएनी जैसे पौराणिक नाम दिए हैं। भारतीय राकेटों को भी ऐतिहासिक या पौराणिक नाम दिए

जा सकते थे पर हमारे वैज्ञानिकों की अंग्रेजी मानसिकता के कारण ऐसा संभव नहीं हुआ और भारतीय राकेटों को एस.एल.वी.-3 और ए.एस.एल.वी. जैसे विदेशी नाम दिए गए। चूंकि आगे इसी शृंखला के राकेट और उपग्रह विकसित किए जाएंगे, इसलिए ये विदेशी नाम अब लंबे समय तक हम पर लदे रहेंगे। भारतीय जनता की गाढ़ी कमाई से विकसित किए गए इन वैज्ञानिक साधनों को विदेशी नाम देना सचमुच ही दुखदायी है। ए.एस.एल.वी. राकेट के विकास में 20 करोड़ रुपये खर्च हुए हैं।

भारत में अब जिस अधिक शक्तिशाली राकेट का निर्माण किया जा रहा है उसका नाम है—पोलर सैटेलाइट लांच वेहिकल संक्षेप में पी.एस.एल यानी ध्रुवीय उपग्रह वाहन यान। इस राकेट से छोड़ा गया उपग्रह दोनों ध्रुवों के ऊपर से गुजरते हुए पृथ्वी की परिक्रमाएं करेगा, इसीलिए इस उपग्रह को छोड़ने वाले राकेट को यह नाम दिया गया है। निर्माणाधीन पी.एस.एल.वी. राकेट 1000 किलोग्राम भार के उपग्रह को करीब 1000 किलोमीटर ऊपर की ध्रुवीय कक्षा में स्थापित कर देने में समर्थ होगा।

इस पी.एस.एल.वी. राकेट के जरिए 1000 किलोग्राम भार के जिस उपग्रह को ध्रुवीय कक्षा में छोड़ा जाएगा वह एक भूसर्वेक्षक उपग्रह होगा। बेंगलूर के उपग्रह केंद्र के वैज्ञानिक इस उपग्रह के निर्माण में जुटे हुए हैं, ऐसा पहला उपग्रह बनकर लगभग तैयार हो गया है। इस पहले भूसर्वेक्षक उपग्रह को, जिसे अंग्रेजी आई.आर.एस. नाम दिया गया है, इसी साल के अंत में एक शक्तिशाली सोवियत राकेट के जरिए अंतरिक्ष में छोड़ा जाएगा। आगे के ऐसे सभी उपग्रह भारतीय* राकेट पी.एस.एल.वी. से ही छोड़े जाएंगे। प्रथम पी.एस.एल.वी. राकेट का परीक्षण दो साल बाद होगा।

अब छोड़े जा रहे ए.एस.एल.वी. राकेट के निचले खंड के साथ दो बूस्टर जोड़े गए हैं। पी.एस.एल.वी. राकेट में इसके निचले खंड के साथ छह बूस्टर जोड़े जाएंगे। इसके अलावा, इसमें एक नई बात यह होगी कि इसके एक खंड में ठोस ईंधन के स्थान पर द्रव ईंधन भरा जाएगा।

भारत ने केवल दो दशकों के भीतर ही एक ऐसा राकेट तो बना लिया है जो एक छोटे उपग्रह को करीब 400 किलोमीटर ऊपर की कक्षा में छोड़ सकता है, पर अभी तक हमने ऐसा कोई राकेट नहीं बनाया है जो इन्सैट—जैसे बड़े उपग्रह को भूस्थिर कक्षा में स्थापित कर दे। भूमध्य रेखा के 36000 किलोमीटर ऊपर की वृत्तीय कक्षा को भूस्थिर कक्षा कहते हैं।

भूस्थिर कक्षा में स्थापित उपग्रह 24 घंटों में पृथ्वी का एक चक्कर लगाता है। हमारी पृथ्वी भी इतने ही समय में अपनी धुरी पर एक चक्कर लगा लेती है।

* पी.एस.एल.वी. को प्रथम बार 20-09-1993 को छोड़ने का प्रयास किया गया लेकिन असफल रहा। यह 15-10-1994 को सफलतापूर्वक छोड़ा गया।

इसलिए भूस्थिर कक्षा में स्थापित उपग्रह धरातल के सापेक्ष एक स्थान पर टिका हुआ दिखाई देता है। हिंद महासागर के 36000 किलोमीटर ऊपर भूस्थिर कक्षा में स्थापित हमारा इन्सैट उपग्रह समूचे भारत को संचार संबंधों में बांधता है, मौसम के बारे में उपयोगी जानकारी देता है।

अब तक के दो इन्सैट उपग्रह अमेरिकी राकेट-यानों से अंतरिक्ष में छोड़े गए थे। अंतरिक्ष शटल का प्रोग्राम स्थगित हो जाने से अब अगले इन्सैट-1सी उपग्रह को अगले वर्ष के आरंभ में यूरोपीय अंतरिक्ष एजेंसी के एरियानी राकेट से भूस्थिर कक्षा में छोड़ा जाएगा।

हमारे अंतरिक्ष विभाग ने एक ऐसे राकेट के विकास की भी योजना बनाई है जो एक बड़े उपग्रह को 36000 किलोमीटर ऊपर की कक्षा में दौड़ने में समर्थ होगा लेकिन इस राकेट को बनाने में अभी कुछ साल लगेंगे।

यूरी गगारिन

जन्म : 9 मार्च, 1934—मृत्यु : 27 मार्च 1968

एक शक्तिशाली राकेट का सीधे विकास करना किसी भी देश के लिए संभव नहीं होता। क्रमश: अधिकाधिक शक्तिशाली राकेट बनाते तब जाकर ही लक्ष्य तक पहुंचा जा सकता है। 4 अक्टूबर, 1957 को सोवियत संघ ने जब पहला स्पूतनिक उपग्रह अंतरिक्ष में छोड़ा था तब हमारे पास कोई राकेट नहीं था। धरती का पहला मानव यूरी गगारिन 12 अप्रैल, 1961 को अंतरिक्ष में पहुंचा तब भी हमारे पास कोई राकेट नहीं था। भारत में अंतरिक्ष अनुसंधान का कार्यक्रम इन ऐतिहासिक घटनाओं के बाद बना। त्रिवेंद्रम के पास थुंबा राकेट केंद्र की स्थापना 1962 में हुई थी।

थुंबा के केंद्र से वायुमंडल के अध्ययन के लिए जो छोटे राकेट अंतरिक्ष में छोड़े गए थे वे विदेशों से मिले थे। फिर त्रिवेंद्रम के पास ही भारतीय राकेटों के विकास के लिए एक केंद्र की स्थापना हुई। आज उसका नाम है विक्रम साराभाई अंतरिक्ष केंद्र। पहले यहां छोटे-छोटे राकेट बने। फिर रोहिणी और मेनका शृंखला के कुछ बड़े राकेट बने।

भारत में बने पहले राकेट का परीक्षण थुंबा केंद्र से 29 फरवरी, 1969 को किया गया था। भारत का वह पहला राकेट केवल 10 किलोग्राम भार का और मुश्किल से 42 किलोमीटर की ऊंचाई तक पहुंचा था।

लेकिन दो दशकों के भीतर ही भारत ने अब एक ऐसा शक्तिशाली राकेट बना लिया है जिसका भार 40 टन है और यह 150 किलोग्राम भार के एक वैज्ञानिक उपग्रह को 400 किलोमीटर की ऊपर की कक्षा में स्थापित कर देने में समर्थ है।

इस ए.एस.एल.वी. राकेट का यह पहला प्रायोगिक परीक्षण है। अगले वर्ष के आरंभ में जिस दूसरे ए.एस.एल.वी. राकेट का परीक्षण होगा उसके जरिए पश्चिमी जर्मनी के एक उपग्रह को अंतरिक्ष में छोड़ा जाएगा। यह पहला अवसर होगा कि भारतीय राकेट एक धनी देश के उपग्रह को अंतरिक्ष में पहुंचा देगा।

भारत ने काफी तेजी से राकेट टेक्नालॉजी का विकास किया है लेकिन चंद उन्नत टेक्नालॉजियों के ऐसे द्वीप खड़े कर देना ही पर्याप्त नहीं है। हमें आम जनता के लिए उपयोगी बनने वाली टेक्नालॉजियों का भी तेजी से विकास करना होगा। राकेट टेक्नालॉजी के क्षेत्र में किए गए विकास ने यह सिद्ध कर दिया है कि हम अपने बल पर ही उन्नत टेक्नालॉजियों का विकास कर सकते हैं।

संभव है स्वदेशी क्रायोजेनिक राकेट योजना

भारत का नया इन्सैट-2बी उपग्रह पृथ्वी की कक्षा में स्थापित हो गया है। कुछ दिन बाद यह 36000 किलोमीटर ऊपर की भूस्थिर कक्षा में अपने निर्धारित स्थान पर पहुंच जाएगा और आगे के करीब दस साल तक काम करेगा।

करीब दो टन भार का यह उपग्रह स्वदेश में बना है। इसे बनाने में करीब 120 करोड़ रुपये खर्च हुए हैं। मगर इसे 23 जुलाई को अंतरिक्ष में भेजा गया फ्रेंच गुयाना (दक्षिण अमेरिका) के कोउरोउ अंतरिक्ष अड्डे से, यूरोपीय अंतरिक्ष एजेंसी के एरियनी राकेट के जरिए, जिसके लिए हमें करीब 190 करोड़ रुपये देने होंगे। पिछले साल जुलाई में हमारे इन्सैट-2ए उपग्रह को ठीक उसी तरह की व्यवस्था से भूस्थिर कक्षा में स्थापित कर दिया था।

दस साल तक सेवा कर सकने वाले अपने उपग्रह का निर्माण हम 120 करोड़ रुपये में कर सकते हैं, मगर चंद मिनटों में इसे पृथ्वी की कक्षा में भेज देने वाले एक विदेशी राकेट की सेवा के लिए हमें विदेशी मुद्रा में 190 करोड़ रुपयों के तुल्य भुगतान करना पड़ता है। है न विचित्र स्थिति!

वस्तुतः राकेट टेक्नालॉजी का मामला है ही बड़ा जटिल। चूंकि राकेट टेक्नालॉजी का मतलब प्रक्षेपास्त्र टेक्नालाजी भी है, इसलिए इस मामले में एक देश दूसरे देश की प्रायः कोई मदद नहीं करता। मगर रूस के साथ पारस्परिक विश्वास के हमारे काफी गहरे संबंध स्थापित हो गए थे। रूस से हमें अपने आर्यभट, भास्कर और आई. आर. एस. उपग्रहों के निर्माण में भरपूर मदद की। इतना ही नहीं, ये सारे उपग्रह रूसी राकेटों से ही अंतरिक्ष में भेजे गए। इसलिए भारतीय वैज्ञानिकों ने जब अपने ही प्रयासों से काफी शक्तिशाली राकेटों के निर्माण की क्षमता हासिल की और अगले चरण के अधिक शक्तिशाली राकेट-यानों के विकास के लिए क्रायोजेनिक इंजनों और उनकी उन्नत टेक्नालॉजी की जरूरत महसूस की, तो रूस ने इस मामले में भी भारत को मदद देना स्वीकार कर लिया।

तदनुसार, जनवरी 1991 में दोनों के बीच (वस्तुतः भारतीय अंतरिक्ष अनुसंधान संगठन और रूसी अंतरिक्ष संगठन ग्लावकास्मोस के बीच) एक करार हुआ,

जिसके दो स्तर थे। 235 करोड़ रुपये के प्रथम स्तर के अनुबंध के अनुसार, रूस को 1995 में दो क्रायोजेनिक राकेट-इंजन और इनके तथा इनके क्रायोजेनिक ईंधन की टेक्नालॉजी उपलब्ध करानी थी।

पिछली कई सदियों से आतिशबाज़ी के राकेटों का प्रदर्शन होता आ रहा है। ऐसे राकेट सभी ने देखे हैं। दीवाली जैसे त्योहारों के अवसरों पर बच्चे भी उन राकेटों को उड़ाते हैं।

आतिशबाजी के ये राकेट किस प्रकार आकाश में उड़ते हैं? वह कौन सी शक्ति है जो इन्हें ऊपर भेजती है!

आतिशबाजी का मजा लूटने वाले बहुत से बच्चे और बुजुर्ग भी, इन सवालों का सही उत्तर नहीं दे पाएंगे। आजकल राकेटों और अंतरिक्ष यात्राओं के समाचार आए दिन समाचारपत्रों में छपते रहते हैं, तब भी बहुत-से लोग समझ नहीं पाते कि राकेट किस प्रकार ऊपर उठता है और यह वायुरहित अंतरिक्ष में किस प्रकार यात्रा करता है। राकेट के बारे में यह जानकारी बड़े महत्त्व की है।

आतिशबाजी का छोटा राकेट हो या अंतरिक्ष यान को चंद्रमा की ओर भेजने वाला भव्य राकेट हो, सभी राकेटों की उड़ान का सिद्धांत एक ही है। छोटे राकेटों में जब बारूद जलती है तो उसकी गैसें पीछे दौड़ती हैं और राकेट आगे दौड़ता है। आजकल के बड़े राकेटों में भी यही होता है। इन राकेटों का ठोस या द्रव रूप ईंधन इनके दहन-कक्षों में जलता है और गैसें उत्पन्न होती हैं। ये गैसें बड़ी तेज रफ़्तार से दहन-कक्ष के निचले हिस्से में स्थापित किए गए तुंड में से होकर पीछे दौड़ती है। गैसों का यही जेट राकेट को विपरीत दिशा में आगे ढकेलता है।

धरती पर हम बहुत से वाहनों को देखते हैं। इनको चलाने के लिए किसी-न-किसी चीज का आधार जरूरी होता है। बैलगाड़ी, घोड़ागाड़ी व मोटरगाड़ी को धरातल का आधार चाहिए। रेलगाड़ी पटरियों पर दौड़ती है। वायुयान को हवा का आधार चाहिए। जहाज या पनडुब्बी को पानी का आधार चाहिए। इनमें से कोई भी वाहन निराधार यात्रा करने में समर्थ नहीं है।

राकेट की बात निराली है। राकेट की उड़ान के लिए किसी भी बाह्य वस्तु के आधार की आवश्यकता नहीं है। बाह्य अंतरिक्ष में यात्रा कर रहे राकेट के तुंड से बाहर दौड़नेवाली गैसों का जेट किसी भी चीज से नहीं टकराता। बाह्य अंतरिक्ष में ऐसा कोई आधार होता ही नहीं। इसलिए राकेट और केवल राकेट-यान ही, वायुरहित अंतरिक्ष में यात्रा करने में समर्थ है।

बहुतों के दिमाग में सवाल उठता है—गैसें तो बहुत हलकी होती हैं फिर इनका जेट इतने बड़े राकेट को विपरीत दिशा में किस प्रकार आगे ढकेल सकता है? प्रस्तुत

प्रकरण में इसी सवाल का उत्तर दिया जाएगा, यानी राकेट की उड़ान के सिद्धांत का विवेचन किया जाएगा।

द्रव्य चाहे ठोस रूप में हो या द्रव रूप में या गैसीय स्थिति में, है वह द्रव्य ही। गैसों के स्थान पर पानी या किसी अन्य द्रव को राकेट के तुंड से बाहर दौड़ाने की व्यवस्था की जाए, तब भी राकेट को गति दी जा सकती है। संक्षेप में, राकेट में से किसी भी चीज को पीछे की ओर फेंकने की उचित व्यवस्था की जाए तो विपरीत दिशा में राकेट आगे बढ़ सकता है।

वस्तुतः इस विश्व में अकेले बल का कोई अस्तित्व नहीं है। बल सदैव जोड़ी में कार्य करते हैं। यदि हम किसी वस्तु को एक निश्चित बल से ढकेलते हैं, तो वह वस्तु भी हमें उतने ही बल से ढकेलती है। इसी तथ्य को आइजक न्यूटन (1642-1727 ई.) ने एक नियम के रूप में प्रस्तुत किया, जो 'न्यूटन की गति का तीसरा नियम' कहलाता है। इस नियम के अनुसार, बलों का अस्तित्व जोड़े के रूप में ही रहता है और एक जोड़े के ये दो बल समान होते हैं किंतु विपरीत दिशाओं में कार्य करते हैं। अन्य शब्दों में प्रत्येक क्रिया (बल) के लिए समान एवं विपरीत प्रतिक्रिया (प्रतिबल) होती है।

न्यूटन का गति संबंधी यह नियम सभी गतियों पर लागू होता है। हम जमीन पर चलते हैं। हमारे पैर धरातल को दबाते हैं तो धरातल भी उतने ही बल से हमारे तलवों को दबाता है। यदि हम कूदते हैं तो ऊपर उठने के लिए जितना बल लगता है, उतना ही बल विपरीत दिशा में धरातल पर कार्य करता है। चूंकि धरती आदमी की तुलना में बहुत अधिक भारी है, इसलिए धरती पर प्रतिक्रिया का जो असर होता है, उसे हम जान नहीं पाते और भी अनेक प्रतिक्रियाओं का हमें आभास नहीं होता। परंतु क्रिया और प्रतिक्रिया का यह नियम सार्वभौमिक है।

दो पिंडों के संपर्क में आने पर एक पर क्रिया का और दूसरे पर प्रतिक्रिया का असर पड़े तो इस स्थिति को समझने में हमें कोई कठिनाई नहीं होती। परंतु एक ही वस्तु या पिंड का एक अंश एक तरफ दौड़ता है और दूसरा अंश विपरीत दिशा में दौड़ता है, तो हमें कुछ अचरज होता है और क्रिया-प्रतिक्रिया की इस जोड़ी को ठीक से समझने में हमें कुछ कठिनाई होती है। लेकिन राकेट की उड़ान में ठीक यही होता है। अतः क्रिया-प्रतिक्रिया के इस स्वरूप को भलीभांति समझ लेना जरूरी है। कुछ उदाहरणों से इस तथ्य को समझने में आसानी होगी।

बंदूक तथा उससे दागी जाने वाली गोली पर विचार कीजिए। घोड़ा दबाने पर बंदूक की नली से जब गोली आगे दौड़ती है तो उसी समय बंदूक कुछ पीछे सरकती है और इस सरकाव को बंदूक दागनेवाला व्यक्ति अपने कंधे पर झेलता है। बंदूक के पीछे की ओर के इस सरकाव को प्रतिक्षेप (रिकॉयल) कहते हैं। तोप से जब

गोला दागा जाता है तब तोप में भी प्रतिक्षेप होता है। पुराने जमाने की तोपें गोले दागने पर काफ़ी पीछे सरकती थीं, इसलिए उन्हें पुनः पूर्व स्थान पर लाना पड़ता था। आधुनिक तोपों में प्रतिक्षेप को फैलने की लिए उचित प्रबंध किया जाता है। स्वचालित बंदूक में इस प्रतिक्षेप का उपयोग करके हथियार को पुनः दागने की क्रिया संपन्न होती है।

उपर्युक्त उदाहरणों में बंदूक की गोली या तोप के गोले पर जितना बल पड़ता है, उतना ही बल (प्रतिबल) विपरीत दिशा में बंदूक या तोप पर पड़ता है। बंदूक की तुलना में उसकी गोली काफ़ी हलकी होती है, इसलिए वह काफ़ी दूर तक दौड़ती है और स्वयं बंदूक थोड़ी ही पीछे सरकती है। तोप में भी ऐसा ही होता है।

राकेट भी एक प्रकार की तोप ही है। अंतर केवल इतना ही है कि तोप के मुंह से गोला छूटता है और राकेट की पेंदी से गैसों का जेट बाहर दौड़ता है, लगातार। आतिशबाजी का राकेट ऊपर उड़ता है, इसलिए उसकी पेंदी से नीचे दौड़नेवाली गैसों को हम प्रत्यक्ष देख नहीं सकते परंतु आतिशबाजी के कुछ अन्य खिलौनों में राकेट के सिद्धांत का हम प्रत्यक्ष अवलोकन कर सकते हैं। 'चक्री' को लीजिए। चक्री में बारूद से भरी हुई कुंडली के आकार की नली होती है। जब इसके बाहरी सिरे को आग लगाई जाती है तो इस नली में से आग भरा धुआं बाहर दौड़ता है और चक्री विपरीत दिशा में तेजी से घूमने लगती है। आतिशबाजी के बड़े-बड़े चक्र भी उसी प्रकार घूमते हैं।

बहुतों ने देखा होगा कि कभी-कभी दो खम्बों पर लम्बा तार बांधकर उस पर आतिशबाजी का 'हवाई-जहाज' दौड़ाया जाता है। इसमें बारूद की गैसों का जेट पीछे की ओर दौड़ता है और 'हवाई-जहाज' तेजी से आगे दौड़ता है।

उपर्युक्त विवेचन से स्पष्ट होता है कि राकेट प्रतिक्रिया के बल से आगे बढ़ता है। राकेट एक प्रतिक्रिया इंजन है। वस्तुतः इस प्रकार के प्रतिक्रिया इंजन की जानकारी सदियों पहले मिल गई थी। सिकंदरिया के हैरोन (ईसा की दूसरी सदी) ने एक प्रकार की भाप-टरबाइन का आविष्कार किया था। यहां पानी से भरे एक पात्र के नीचे आग जलाई गई है। भाप ऊपर के गोले में पहुंचती है और उसमें लगी हुई दो टेढ़ी टोंटियों में से बाहर दौड़ती है। परिणामतः वह गोल तेजी से विपरीत दिशा में घूमने लगता है। हैरोन का यह भाप इंजन एक खिलौना मात्र था।

महान वैज्ञानिक न्यूटन ने हमें क्रिया व प्रतिक्रिया का नियम दिया। कहते हैं कि न्यूटन ने भाप से चलने वाली एक स्वचालित गाड़ी की योजना भी तैयार की थी। इसमें गाड़ी पर स्थापित किए गए बॉयलर के तुंड से भाप का जेट पीछे दौड़ता है और इसके सतत प्रतिक्षेप के कारण गाडी आगे बढ़ती है।

बहुतों को यह जानकार आश्चर्य होगा कि इस प्रकृति में कुछ ऐसे भी प्राणी हैं जो राकेट के सिद्धांत के अनुसार चलते हैं। समुद्रों में ऐसी कई प्रकार की मछलियां पाई जाती हैं जो अपने शरीर में पानी लेकर उसे जेट के रूप में पीछे की ओर फेंकती रहती हैं और इस प्रकार प्रतिक्षेपों के सहारे आगे बढ़ती हैं।

ऊपर के उदाहरणों से राकेट की उड़ान के सिद्धांत की प्रमुख बातें स्पष्ट हो जाती हैं। राकेट की उड़ान की कुछ और विशेषताओं को समझने के लिए हम एक 'आदर्श प्रयोग' की कल्पना करेंगे। कल्पना कीजिए कि साइकिल के चार पहियों वाले एक ठेले पर बहुत सारी ईंटें रखी हुई हैं। यह भी कल्पना कीजिए कि ठेले के पहियों के साथ जमीन का घर्षण नहीं होता और हवा का प्रतिरोध भी शून्य है। अन्य शब्दों में उस ठेले की गति में किसी प्रकार की बाधा उत्पन्न नहीं होती।

उस ठेले पर एक आदमी है। वह आदमी एक ईंट उठाता है और उसे सीधा पीछे फेंकता है। इस स्थिति में न्यूटन का गति संबंधी तीसरा नियम बताता है कि ईंट को फेंकने की क्रिया से उस ठेले पर समान बल की किंतु विपरीत दिशा में प्रतिक्रिया होती है। चूंकि ईंटों से भरा हुआ वह ठेला फेंकी हुई उस एक ईंट से कई गुना भारी होता है, इसलिए वह ठेला उस ईंट की तुलना में उतनी ही धीमी रफ्तार से सरकेगा। यदि ईंटों से भरे हुए उस ठेले का वजन उस एक ईंट से सौ गुना है, तो ठेले का वेग सौ गुना कम होगा।

हम यह मानकर चले हैं कि जमीन के साथ घर्षण या हवा के प्रतिरोध का उस ठेले की गति पर असर नहीं होता। इसलिए एक ईंट के फेंकने से उस ठेले को जो थोड़ी गति मिली है, वह चिरस्थायी बनी रहेगी।

ठेले पर बैठा हुआ वह आदमी अब दूसरी ईंट फेंकता है। यह दूसरी ईंट भी उतने ही वेग से फेंकी जाती है, जितने वेग से पहली ईंट फेंकी गई थी। चूंकि पहली ईंट फेंकने से ठेले का वजन कुछ कम हो गया था, इसलिए दूसरी ईंट फेंकने से इस बार ठेले को प्रतिक्रियास्वरूप पहले से कुछ अधिक वेग प्राप्त होगा। ईंट फेंकने का यह सिलसिला जारी रहता है और इस प्रकार ठेले को अधिकाधिक वेग प्राप्त होता जाता है। अन्य शब्दों में, जैसे-जैसे ठेले का भार कम होता जाता है वैसे-वैसे उसका वेग अधिकाधिक होता जाता है।

इस उदाहरण में ईंटों के स्थान पर किसी पंप द्वारा पानी का जेट फेंकने की व्यवस्था की जाती है तो यह सारी व्यवस्था राकेट के साथ काफी मेल खाती है। उस ठेले पर से गैसों का जेट भी प्रक्षेपित किया जा सकता है। हर स्थिति में परिणाम एक-सा ही होगा। प्रतिक्रिया के कारण ठेला विपरीत दिशा में दौड़ेगा।

उपर्युक्त प्रयोग से पहली बात जो स्पष्ट होती है, वह यह है कि राकेट की गति को किसी बाह्य वस्तु का आधार नहीं चाहिए। ठेले से फेंकी गई ईंट कहां

जाती है, कितनी दूर जाती है या किस चीज से टकराती है, इन सब बातों का उस ठेले की गति से कोई सरोकार नहीं होता। ठेले को प्राप्त वेग दो बातों पर निर्भर करता है—उस ईंट का वजन (द्रव्यमान) कितना है और फेंकते समय उसका वेग कितना है। अतः यह सिद्ध होता है कि राकेट की गति के लिए किसी बाह्य माध्यम के आश्रय की आवश्यकता नहीं होती।

एक-एक करके जैसे-जैसे ईंटें फेंकी जाती हैं, वैसे-वैसे ठेले का वजन (द्रव्यमान) घटता जाता है। अतः उस ठेले पर अंतिम ईंट के फेंकने की प्रतिक्रिया पहली ईंट की प्रतिक्रिया से बहुत अधिक होगी। ठेले का वजन जितना ही कम होगा, ईंट को फेंकने का असर उस पर उतना ही अधिक होगा। यदि खाली ठेले का वजन ईंटों से भरे हुए ठेले के वजन से केवल आधा है तो अंतिम ईंट को फेंकने पर उस ठेले को जो अतिरिक्त वेग प्राप्त होगा, वह प्रथम ईंट को फेंकने से प्राप्त हुए वेग से दुगुना होगा। अतः यह सिद्ध होता है कि इस प्रयोग के दौरान ठेले का न केवल वेग बढ़ता है बल्कि उसके त्वरण में भी वृद्धि होती है। यह सब किस प्रकार होता है, इसकी कुछ गणितीय जानकारी हम आगे देंगे।

ऊपर के विवेचन से यह समझने में कठिनाई नहीं होनी चाहिए कि राकेट एक स्वयं पूर्ण वाहन है। इसका एक अंश पीछे दौड़ता है और परिणामतः इसका शेषांश विपरीत दिशा में आगे दौड़ता है। इसीलिए राकेट निर्वात अंतरिक्ष में यात्रा करने में समर्थ है।

बहुत से लोग नहीं समझ पाते कि मात्र गैसों का जेट राकेट को विपरीत दिशा में किस प्रकार ढकेल सकता है परंतु यहां हमें यह स्मरण रखना चाहिए की गैस भी द्रव्य ही है। राकेट की पेंदी से बर्फ की ईंट फेंकी जाएं या पानी का जेट फेंका जाए या भाप का जेट दौड़ाया जाए—सबका असर एक-सा ही होगा।

राकेट में ठेल कहां और किस प्रकार पैदा होती है, यह बात भी बहुतों की समझ में नहीं आती लेकिन एक सरल से उदाहरण से इस बात को आसानी से समझा जा सकता है।

एक गुब्बारा लीजिए। उसमें हवा या गैस भरिए और टोंटी को बांध दीजिए। ऐसी स्थिति में गुब्बारे के भीतर बंद हवा या गैस उसकी संपूर्ण भीतरी सतह पर एक सा दाब डालेगी। बाहर की हवा का कोई प्रभाव न पड़े तो ऐसी स्थिति में वह गुब्बारा स्थिर रहेगा क्योंकि उसके भीतर के बल संतुलित रहते हैं।

अब उस गुब्बारे की टोंटी खोल दीजिए। तब टोंटी की विपरीत दिशा वाली भीतरी सतह पर पड़नेवाले दाब का संतुलन बिगड़ जाएगा। परिणामतः इस दिशा में वह गुब्बारा आगे ढकेला जाएगा।

राकेट को भी इसी प्रकार ठेल प्राप्त होती है। राकेट के ऊपरी हिस्से में प्रणोदक (ईंधन तथा आक्सीकर) की टंकियां होती हैं। इस प्रणोदक को राकेट के निचले हिस्से में स्थापित किए गए दहन-कक्ष में सतत पहुंचाया जाता है। प्रणोदक के जलने से दहन-कक्ष के भीतर भारी दाब वाली अतितप्त गैसें पैदा होती हैं। ये गैसें दहन-कक्ष के निचले हिस्से के खुले तुंड से तेजी से बाहर दौड़ती है। इस प्रक्रिया में दहन-कक्ष के भीतर गैसों के दाब से वैसी ही स्थिति पैदा होती है, जैसी कि गैस-भरे गुब्बारे की टोंटी खोलने पर उसके भीतर पैदा होती है। राकेट के दहन-कक्ष से बाहर दौड़नेवाली गैसें (द्रव्य के सूक्ष्म कण) प्रतिक्रिया-स्वरूप दूसरे गैस-कणों को विपरीत दिशा में ढकेलती है। अर्थात् प्रतिक्रिया प्राप्त ये गैस-कण संपूर्ण दहन-कक्ष को गैस-जेट की विपरीत दिशा में ढकेलते हैं। इससे यह स्पष्ट हो जाता है कि प्रतिक्रिया या ठेल राकेट के दहन-कक्ष में होती है। इसीलिए दहन-कक्ष को अक्सर प्रतिक्रिया कक्ष भी कहते हैं। दहन-कक्ष के साथ जुड़ा हुआ तुंड (नॉजल) दहन-कक्ष का ही एक अंग होता है और इसकी विशिष्ट रचना प्रतिक्रिया या ठेल की वृद्धि में योग देती है।

पिछली कई सदियों से मानव 'राकेटों' को उड़ाता आया है, उनसे खेलता रहा है लेकिन वह यही समझता रहा कि वायुमंडल की हवा के आधार से राकेट ऊपर उठता है। परंतु अब हम जान गए हैं कि राकेट की उड़ान के लिए वायुमंडल या अन्य किसी बाह्य वस्तु के आधार की आवश्यकता नहीं है। वस्तुतः वायुमंडल की हवा राकेट की उड़ान में कुछ बाधक ही बनती है। आरंभिक उड़ान के दौरान राकेट को घने वायुमंडल के प्रतिरोध में ऊपर उठना होता है। बाह्य अंतरिक्ष में वायु नहीं होती, इसलिए वहां राकेट की ठेल करीब 10 प्रतिशत बढ़ जाती है।

प्राचीन काल में जिस प्रकार लोग राकेट की उड़ान के सिद्धांत को समझ नहीं पाए थे, उसी प्रकार वे राकेट के गति-सिद्धांत को भी समझने में समर्थ नहीं थे। राकेट का एक अंश (ईंधन के प्रज्वलन से जनित गैसों का जेट) उसके शेषांश को विपरीत दिशा में ढकेलता रहता है। अतः राकेट एक ऐसी गतिशील योजना है जिसका द्रव्यमान घटता जाता है। ऐसे चर या परिवर्तनशील द्रव्यमान वाले पिंड की गति-यांत्रिकी स्थिर द्रव्यमान वाले पिंड की यांत्रिकी से भिन्न होती है।

सोवियत रूस के वैज्ञानिक कोंस्तांतिन त्सिओल्कोवस्की ने पहली बार ऐसे चर द्रव्यमान वाले पिंड की गति का गणितीय सिद्धांत प्रस्तुत किया। उन्होंने आधुनिक राकेटों के बारे में अनेक महत्त्वपूर्ण सिद्धांतों की स्थापना की। इन्हीं सब कारणों से उन्हें 'राकेट गति-विज्ञान का जनक' माना जाता है। अगले प्रकरण में हम इस महान वैज्ञानिक के बारे में कुछ जानकारी देंगे और राकेट गति-विज्ञान की प्रमुख बातों पर भी विचार करेंगे।

अग्निबाणों का आविष्कार

सभी जानते हैं कि आतिशबाजी के अग्निबाणों या राकेटों में बारूद का इस्तेमाल होता है। अतः सबसे पहले हमें यह देखना है कि बारूद का आविष्कार कब और कहां हुआ।

'बारूद' शब्द तुर्की भाषा के 'बारूद' शब्द से बना है। फारसी में इसके लिए 'दारू' शब्द है। संस्कृत के कुछ पुराने ग्रन्थों में बारूद के लिए 'अग्निचूर्ण' शब्द देखने को मिलता है। अंग्रेजी में इसे 'गन-पाउडर' कहते हैं।

गंधक, शोरा (पोटाशियम नाइट्रेट) और काठ-कोयले के मिश्रण से बारूद बनती है। बारूद के काले चूर्ण में सामान्यतः 75 प्रतिशत शोरा (सुवार्चिलवण), 10 प्रतिशत गंधक और 15 प्रतिशत काठ-कोयला रहता है।

बारूद में जब आग लगती है तो यह भड़क उठती है या जिस पात्र में यह बंद की जाती है उसमें विस्फोट होता है। हम जानते हैं कि ज्वलन-क्रिया के लिए आक्सीजन की जरूरत होती है और यह आक्सीजन सामान्यतः वायुमंडल से ग्रहण की जाती है परंतु बारूद की दहन-प्रक्रिया के लिए वायुमंडल के आक्सीजन की जरूरत नहीं होती। बारूद के मिश्रण में, नाइट्रेट (No_3) में, आक्सीजन प्रचुर मात्रा में मौजूद रहता है। नाइट्रेट काफ़ी शक्तिशाली आक्सीकरण होते हैं।

चूंकि बारूद में आक्सीकरण निहित होता है, इसलिए इसकी दहन-क्रिया के लिए वायुमंडल के आक्सीजन की आवश्यकता नहीं होती। इसीलिए बारूद के ईंधन वाले अग्निबाण या राकेट वायुरहित अंतरिक्ष में भी यात्रा कर सकते हैं।

जब बारूद भड़क उठती है तो अनेक रासायनिक क्रियाएं संपन्न होती है। इन प्रक्रियाओं में अनेक गैसें जन्म लेती हैं, जिनमें नाइट्रोजन, कार्बन-डाइआक्साइड तथा कार्बन-मोनोक्साइड प्रमुख हैं। बारूद की दहन-क्रिया में पैदा हुई ये गैसें उस बारूद से करीब 2000 गुना अधिक स्थान घेरती हैं। यही है बारूद की विस्फोटक शक्ति।

पहले समझा जाता था कि 1280 ई. के आसपास बारूद का आविष्कार यूरोप में हुआ था परंतु आज हम जानते हैं कि यह मूलतः चीन का आविष्कार है। चीन

के तीन महान आविष्कार हैं—मुद्रण कला, बारूद और चुंबक (कुतुबनुमा)। हम जानते हैं कि इन तीन आविष्कारों ने दुनिया का नक्शा ही बदल दिया। मुद्रण के कारण ज्ञान-विज्ञान के प्रचार-प्रसार में, बारूद के कारण युद्ध कला में और कुतुबनुमा के कारण समुद्र-यात्रा में जो क्रांतिकारी परिवर्तन आया है, उससे इतिहास के विद्यार्थी भलीभांति परिचित हैं। बारूद (तोपों) ने यूरोप में सामंतशाही का तख्ता ही उलट दिया।

ईसा की आरंभिक सदियों में चीनी लोगों को जानकारी मिल गई थी कि गंधक और शोरे के मिश्रण में विस्फोट की शक्ति निहित है फिर ईसा की नौवीं सदी में, थाङ् शासनकाल के अंतिम दिनों में, गंधक, शोरा (पोटाशियम नाइट्रेट) तथा काठ-कोयले के मिलाए जाने के भी उल्लेख मिलते हैं। यह जानकारी ताओ संप्रदाय की एक पुस्तक में मिलती है। पुस्तक में कीमियागरों को हिदायत दी गई है कि वे इन वस्तुओं को मिलाने की, विशेषत: आर्सेनिक के साथ मिलाने की, कोशिश न करें, क्योंकि जिहोंने ऐसा किया है उनका मिश्रण भड़क उठा है और जिन मकानों में वे प्रयोग कर रहे थे उनमें आग लग गई है।

चीन के ताओवादी कीमियागरों का यह आविष्कार जल्दी ही युद्ध के मैदान में पहुंच गया। 1000 ई. के आसपास चीन में बारूद या अग्निचूर्ण (चीनी में 'हुआ तुओ') के सादे बम और हथगोले बनने लगे थे। 1044 ई. में रचित एक चीनी पुस्तक 'वु-चिङ् त्सुङ्याओं' में अग्निचूर्ण के लिए फार्मूला दिया गया है। संसार में अन्यत्र कहीं से भी बारूद के बारे में इतना प्राचीन उल्लेख नहीं मिलता।

ईसा की ग्यारहवीं सदी के चीनी बमों और हथगोलों में विस्फोटक शक्ति अधिक नहीं थी, क्योंकि उस समय की बारूद में नाइट्रेट की मात्रा अधिक नहीं होती थी। उस समय का उनका अग्निचूर्ण अग्निबाणों के लिए अधिक उपयुक्त था। अत: ईसा की ग्यारहवीं सदी में चीन में अग्निबाण (राकेट) बनने लग गए थे। चीन में बांस प्रचुर मात्रा में उपलब्ध हैं। कम नाइट्रेट वाले बारूद के मिश्रण को यदि बांस की नलिका में भरकर उसे तीर के साथ बांध दिया जाए तो राकेट या अग्निबाण (हुओ चिएन) बनकर तैयार हो जाता है।

इस प्रकार हम देखते हैं कि आज से करीब एक हजार साल पहले राकेट का आविष्कार हो चुका था। राकेट के आविष्कार का श्रेय चीन देश को है।

चीनी लोगों ने एक युद्धास्त्र के रूप में राकेट का इस्तेमाल किया। जानकारी मिलती है कि चंगेज खान की मृत्यु के बाद 1232 ई. में मंगोलों ने शुंग शासकों की राजधानी काइफेङ् को घेर लिया था। उस समय शुंग सेना ने मंगोलों पर अग्निबाण बरसाए थे।

मंगोलों और अरब सौदागरों को बारूद तथा अग्निबाणों की जानकारी मिली। उनके माध्यम से ही यह ज्ञान सारे मध्य एशिया में तथा आसपास के देशों में फैला। मंगोलों और अरबों के माध्यम से ही यूरोप को बारूद की जानकारी मिली।

तेरहवीं सदी में पहली तोप संभवत: चीन में ही बनी थी परंतु चौदहवीं सदी से यूरोप में अधिक बेहतर तोपों का निर्माण होने लगा। बारूद और तोप के आविष्कार ने यूरोप के राजनीतिक, आर्थिक व वैज्ञानिक स्वरूप को ही बदल डाला।

यूरोप में तोपों का महत्त्व दिनोंदिन बढ़ता गया और राकेटों का महत्त्व घटता रहा। यदा-कदा आतिशबाजी के अवसरों पर ही इनका इस्तेमाल होता रहा। राकेट एक उपयोगी युद्धास्त्र भी है, नए सिरे से यूरोप को इसकी जानकारी भारत से मिली, अठारहवीं सदी के उत्तरार्ध में।

इतिहास से जानकारी मिलती है कि बाबर की सेना के साथ तोपखाना भी था और इसी के बल पर उसने पानीपत के युद्ध (1525 ई.) में विजय प्राप्त करके हिंदुस्तान में मुगल-शासन की नींव डाली थी। जानकारी मिलती है कि यूरोप से सीखकर आए हुए तुर्की कारीगरों ने बाबर को तोपें बनाकर दी थीं।

भारत को बारूद की जानकारी बाबर के पहले ही मिल गई थी। बारूद का प्रचार करने में अरब सौदागरों का बड़ा हाथ रहा है। संभवत: अरबों से ही भारत को चीनी बारूद की जानकारी मिली थी—1400 ई. के आस-पास। एक विदेशी यात्री के उल्लेख से जानकारी मिलती है कि विजयनगर के दरबार में 1443 ई. के महानवमी के उत्सव पर आतिशबाजी हुई थी। लगभग इसी समय कश्मीर के शासक जैन-उल-अबादीन (1420-70 ई.) ने हबीब नामक एक विशेषज्ञ से बारूद और आतिशबाजी के बारे में जानकारी प्राप्त की थी। कबीर के पदों में भी बारूद, तोप, बंदूक, गोला, पलीता आदि शब्द देखने को मिलते हैं।

कुछ संस्कृत, मराठी व फारसी पुस्तकों में भी अग्निचूर्ण, अग्निक्रीड़ा (आतिशबाजी) तथा अग्निबाण (राकेट) के बारे में जानकारी मिलती है। परंतु इन पुस्तकों की रचना 1400 ई. के बाद ही हुई है। अत: हम इस परिणाम पर पहुंचते हैं कि भारत में बारूद का प्रवेश 1400 ई. के आसपास हुआ और तदनंतर ही यहां अग्निबाणों का निर्माण होने लगा।

फिर अठारहवीं सदी के अंतिम चरण में श्रीरंगपट्टन (मैसूर) के शासक हैदर अली और उसके बेटे टीपू सुलतान को हम अंग्रेजों के ख़िलाफ़ राकेटों का इस्तेमाल करते देखते हैं। 1780 ई. के युद्ध में हैदर अली की सेना ने

जब अंग्रेजों की देशी सेना पर राकेटों से हमला किया तो वे चकित रह गए। उनकी करारी हार हुई। अंग्रेजों के लंदन के युद्ध-कार्यालय में तहलका मच गया।

हैदर अली ने राकेट फेंकने में कुशल 1200 आदमियों की एक सेना खड़ी की थी। उसके बेटे टीपू सुलतान की सेना में राकेटों को चलाने वाले 5000 सैनिक थे। टीपू ने भी अंग्रेजों के खिलाफ राकेटों का इस्तेमाल किया था।

टीपू सुलतान
(शासन 1783-1799)

हैदर अली के राकेट लोहे की नली के होते थे। इन नलियों का व्यास करीब 8 सेंटीमीटर और इनकी लंबाई करीब 20 सेंटीमीटर होती थी। बारूद से भरी हुई इन नलिकाओं के साथ करीब तीन मीटर लंबा बांस बांध दिया जाता था। चार-पांच किलोग्राम वजन का ऐसा यह राकेट लगभग डेढ़ किलोमीटर की दूरी तक पहुंचने में समर्थ था।

यूरोप के लोग राकेटों से भलीभांति परिचित थे, परंतु वहां मुख्यत: आतिशबाजी में ही इनका इस्तेमाल होता था। अब अंग्रेजों ने देखा कि भारतीयों के अग्निबाण काफ़ी तबाही मचा सकते हैं, तो वे राकेट को एक कारगर युद्धास्त्र के रूप में बदलने के बारे में सोचने लगे। इंग्लैंड के कर्नल विलियम कांग्रीव (1772-1828 ई.) ने इस दिशा में खोजबीन शुरू कर दी।

विलियम कांग्रीव के पिता इंग्लैंड की राजकीय प्रयोगशाला के व्यवस्थापक थे और विशेष अवसरों पर राज-दरबार में की जाने वाली आतिशबाजी भी उन्हीं की देखरेख में संपन्न होती थी। विलियम ने कैंब्रिज विश्वविद्यालय में उच्च शिक्षा प्राप्त की और तदनंतर कानून का अध्ययन किया लेकिन मशीनों की तोड़-जोड़ तथा यंत्र-

उपकरणों में उनकी अधिक दिलचस्पी थी और अस्त्र-शस्त्रों के वह अच्छे जानकार थे। फ्रांस के साथ इंग्लैंड का युद्ध छिड़ गया था। विलियम कांग्रीव के लिए यह अच्छा अवसर था कि वह युद्धास्त्रों के क्षेत्र में कुछ कर दिखाएं। उन्होंने राकेट के बारे में प्रयोग शुरू कर दिए।

कांग्रीव ने भारतीय अग्निबाणों के बारे में जानकारी प्राप्त की फिर वे इन अग्निबाणों में सुधार करने में जुट गए। कांग्रीव ने न्यूटन के गति संबंधी नियमों का अध्ययन किया था, इसलिए वे जानते थे कि राकेट किस प्रकार गतिमान होते हैं। वह जानते थे कि तोपों या बंदूकों की तरह राकेटों के संचालन में प्रतिक्षेप (रिकॉयल) नहीं होता। वह भलीभांति जानते थे कि राकेटों की गति पर न्यूटन का गति संबंधी तीसरा नियम—क्रियाएं तथा प्रतिक्रियाएं समान किंतु विपरीत दिशाओं में होती हैं—लागू होता है। इन सब बातों की जानकारी होने से कांग्रीव राकेट में कई सुधार करने में सफल हुए। उनके द्वारा निर्मित राकेट आगलगाऊ थे और तुरंत ही इनका युद्धों में इस्तेमाल हुआ।

सन् 1806 ई. का साल। नेपोलियन इंग्लैंड पर हमला करने की सोच रहा था और इसके लिए उसने बूलोनी बंदरगाह में एक जंगी बेड़ा खड़ा कर दिया था। इधर लंदन में बड़ा तनाव का वातावरण था। अंत में बूलोनी पर कांग्रीव के राकेटों की वर्षा करने का निर्णय लिया गया। ऊपर हम बता चुके हैं कि ये आगलगाऊ राकेट थे। ये राकेट बड़े कारगर सिद्ध हुए। सारे बंदरगाह से आग की लपटें उठने लगीं। राकेटों ने अपनी शक्ति का परिचय दिया।

अगले साल कांग्रीव के राकेट कोपनहेगन नगर पर बरसाए गए। बाद में डानझिग व लाइपझिग नगरों पर भी ये राकेट छोड़े गए। इस प्रकार कांग्रीव के राकेटों ने युद्धास्त्र के रूप में अपनी शक्ति का प्रदर्शन किया। अंतिम दिनों में कांग्रीव ने जिन राकेटों का निर्माण किया था, उनका भार 20 किलोग्राम तक था। इनकी लोहे की नलिकाएं एक मीटर से कुछ अधिक लंबी होती थीं और इनका व्यास करीब नौ सेंटीमीटर होता था। इनके साथ जोड़े जानेवाले निर्देशक दंड करीब 5 मीटर लंबे होते थे। कांग्रीव के ऐसे ये राकेट 2.7 किलोमीटर तक मार करने में समर्थ थे।

यूरोप में कांग्रीव के राकेटों को बड़ी प्रसिद्धि मिली। यूरोप के कई देशों ने अपने युद्धास्त्रों में राकेटों का समावेश किया। लेकिन आगलगाऊ राकेटों का यह दौर कुछ दशकों तक ही चला। राकेट तोप का मुकाबला करने में समर्थ नहीं था। अत: उन्नीसवीं सदी के उत्तरार्ध में राकेटों का स्थान पुन: तोपों ने ले लिया। हां, जीवन-रक्षा के लिए राकेटों का इस्तेमाल होता रहा। जब कोई जहाज विपत्ति में फंस जाता तो सिग्नल भेजने के लिए राकेटों का इस्तेमाल होता था। दूसरे जहाज से या

समुद्रतट से विपत्ति में फंसे हुए जहाज तक रस्से फेंकने में भी इन राकेटों का उपयोग होने लगा। इस प्रकार उन्नीसवीं सदी के उत्तरार्ध में इन राकेटों ने हजारों लोगों के प्राण बचाए हैं।

अब तक जितने भी राकेट बने थे, वे पुराने किस्म के राकेट थे। इनमें ठोस ईंधन (बारूद) का इस्तेमाल होता था। द्रव ईंधन वाले राकेट अधिक शक्तिशाली होते हैं और अधिक ऊंचाई तक पहुंच सकते हैं, इसकी किसी को कल्पना नहीं थी। राकेटों से और केवल राकेटों से ही, अंतरिक्ष यात्रा संभव है, इसकी भी किसी को सही जानकारी नहीं थी। राकेट-सिद्धांत का भी अभी पूरा विवेचन नहीं हुआ था लेकिन उन्नीसवीं सदी के अंतिम वर्षों में इस दिशा में खोजबीन होने लगी। सोवियत रूस के वैज्ञानिक कोन्स्तान्तिन एदुअर्दोविच त्सिओल्कोवस्की (1857-1935 ई.) ने राकेट के सैद्धांतिक पहलुओं का विवेचन किया और उसके बाद ही आधुनिक किस्म के राकेटों का निर्माण संभव हुआ।

ऊपर हमने देखा है कि अठारहवीं सदी के अंतिम दशक में अंग्रेजों को भारतीय अग्निबाणों की जानकारी मिली थी फिर उन्होंने इन अग्निबाणों में सुधार किया। बीसवीं सदी में जर्मनी ने वी-2 नामक शक्तिशाली राकेटों का निर्माण किया और आज अमेरिका तथा सोवियत रूस ने ऐसे राकेटों का निर्माण कर लिया है जो आदमी को चंद्रमा तथा सौर-मंडल के अन्य ग्रहों तक पहुंचाने में समर्थ हैं। आज राकेटों के निर्माण के मामले में भारत काफी पिछड़ा हुआ देश है।

जिस समय अंग्रेजों को भारतीय राकेटों की जानकारी मिली थी, लगभग उसी समय उन्हें भारतीय प्लास्टिक सर्जरी के बारे में जानकारी मिली लेकिन आज बेहतर प्लास्टिक सर्जरी अमेरिका, जापान तथा यूरोप के देशों में होती है। इन उदाहरणों से स्पष्ट होता है कि पिछले करीब डेढ़ सौ साल में यूरोप में विज्ञानों का किस प्रकार और कितनी तेजी से विकास हुआ है।

आगे हम आधुनिक राकेटों के बारे में जानकारी देंगे। लेकिन उसके पहले यह जान लेना जरूरी है कि राकेट किस प्रकार गतिमान होते हैं, यानी राकेट किस प्रकार आगे बढ़ते हैं। राकेट के बारे में यह बुनियादी जानकारी बड़े महत्त्व की है।

भारत का नया राकेट एस.एल.वी.-3
संवर्द्धित उपग्रह वाहक यान

राकेट निर्वात अंतरिक्ष में यात्रा करने वाला एकमात्र वाहन तो है ही, वह विध्वंसक प्रक्षेपास्त्र भी बन सकता है। यही कारण है कि राकेट का विकास करने में आमतौर पर संसार का कोई भी देश दूसरे देश की मदद नहीं करता।

सोवियत संघ ने आर्यभट और भास्कर उपग्रह बनाने में हमें मदद दी। इन उपग्रहों को सोवियत संघ के राकेटों से ही अंतरिक्ष में छोड़ा गया था। भारतीय वैज्ञानिकों द्वारा बनाए गए प्रायोगिक दौर के पहले संचार-उपग्रह एप्पल को यूरोपीय अंतरिक्ष एजेंसी के एरियन राकेट से 36000 किलोमीटर ऊपर की भूस्थिर कक्षा में स्थापित किया गया था। अमेरिका से खरीदे गए हमारे इन्सैट उपग्रह को भूस्थिर कक्षा में अमरीकी साधनों से ही अंतरिक्ष में भेजा गया। फिलहाल हमारे पास ऐसा शक्तिशाली राकेट नहीं है, जो बड़े उपग्रह को भूस्थिर कक्षा में छोड़ने में समर्थ हो।

लेकिन भारत ने एक ऐसा राकेट अवश्य बना लिया है, जो छोटे उपग्रह को तीन-चार सौ किलोमीटर ऊपर की कक्षा में स्थापित करने में समर्थ है। यह है हमारा एस.एल.वी.-3 (सैटेलाइट लांच वेहिकल), यानी उपग्रह वाहक यान-3। सन् 1980 और 1981 में इसके सफल परीक्षण हो चुके हैं। इस राकेट के जरिए करीब 40 किलोग्राम भार के 'रोहिणी' उपग्रह तीन-चार सौ किलोमीटर ऊपर पृथ्वी की कक्षा में स्थापित किए गए हैं।

किसी उपग्रह को कक्षा में स्थापित करने में समर्थ राकेट का विकास करना बड़ा कठिन काम है। भारत संसार का सातवां देश है, जिसने पूर्णतः अपने बल पर ऐसा राकेट बनाया है। बाकी छह देश हैं—सोवियत संघ, सं.रा. अमेरिका, फ्रांस, (ब्रिटेन) जापान और चीन।

महत्त्व की बात यह है कि भारत ने यह क्षमता केवल दस साल की अल्प अवधि में प्राप्त की है। दूसरे महायुद्ध के अंत में जर्मनी के कई सारे वी-2 राकेट अमेरिका के हाथ लग गए थे। लगातार कई साल तक उन जर्मन राकेटों पर परीक्षण करने के बाद ही अमेरिका अपने राकेटों का विकास कर पाया था। सोवियत संघ

और फ्रांस भी दूसरे महायुद्ध के समय से ही अपने राकेटों का विकास करते आ रहे हैं। इंग्लैंड ने अपने 'ब्लैक नाइट' प्रक्षेपास्त्र को 'ब्लैक परो' राकेट में बदलकर कई विफलताओं के बाद 1971 में अपना पहला उपग्रह अंतरिक्ष में स्थापित करने में सफलता पाई। शक्तिशाली एरियन राकेट का विकास यूरोप के इंग्लैंड, फ्रांस आदि बारह देशों के संगठन यूरोपीय अंतरिक्ष एजेंसी ने किया है।

सोवियत संघ द्वारा 1957 में स्पूतनिक के ऐतिहासिक प्रक्षेपण के आठ साल बाद ही फ्रांस 42 किलोग्राम भार का अपना पहला उपग्रह अंतरिक्ष में छोड़ पाया था। जापान तो करीब पंद्रह साल तक अपने राकेटों का विकास करते रहने के बाद 1970 में करीब 24 किलोग्राम वजन का अपना पहला उपग्रह अंतरिक्ष में छोड़ने में सफल हुआ। आरंभ में सोवियत संघ से सहायता पाने के बाद ही चीन 1970 में 173 किलोग्राम भार का अपना पहला उपग्रह कक्षा में छोड़ने में समर्थ हुआ था।

भारत को अपना उपग्रह वाहक यान विकसित करने में केवल 10 साल लगे। भारत का आधुनिक किस्म का पहला राकेट आर.एच. 75 था। बमुश्किल 10 किलोग्राम भार के इस राकेट का प्रथम सफल परिक्षण 29 फरवरी, 1969 को थुंबा में हुआ था। उसी समय से भारतीय राकेटों के

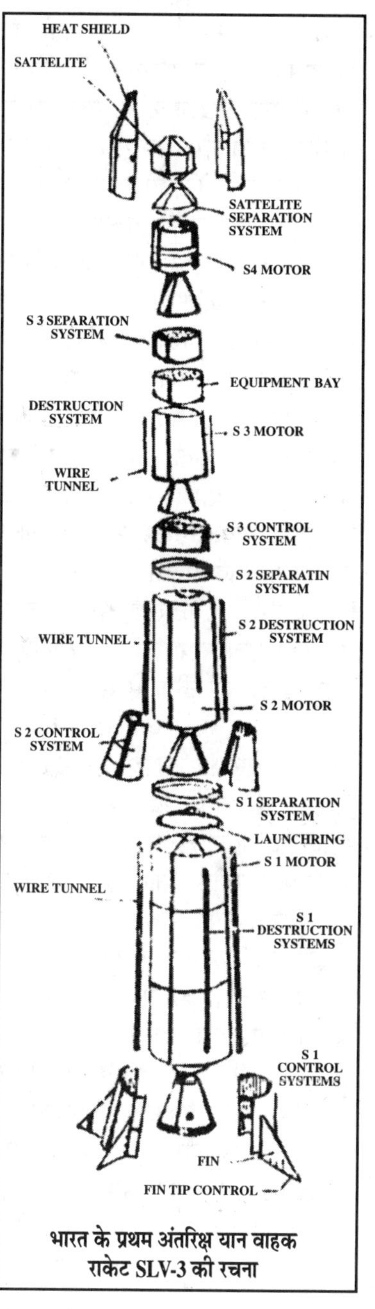

भारत के प्रथम अंतरिक्ष यान वाहक राकेट SLV-3 की रचना

विकास की कहानी आरंभ होती है। भारत का वह पहला राकेट करीब 4 किलोमीटर की ऊंचाई तक ही पहुंचा था।

रोहिणी श्रृंखला के अधिकाधिक शक्तिशाली राकेटों का विकास करते हुए अंत में भारतीय आंतरिक्ष अनुसंधान संगठन के वैज्ञानिकों ने एक ऐसे राकेट का निर्माण कर लिया जो छोटे उपग्रह को पृथ्वी की कक्षा में छोड़ने में समर्थ हुआ। यही है हमारा एस.एल.वी.–3 राकेट।

एस.एल.वी.–3 एक विकासशील राकेट है। यानी इसे आधार बनाकर अधिकाधिक शक्तिशाली राकेट बनाने की योजना है। एस.एल.वी.–3 की बुनियाद पर आधारित एक ऐसा अधिक शक्तिशाली राकेट अब बनकर तैयार हो गया है। इस नये राकेट को ए.एस.एल.वी. (आग्मेंटेड सैटेलाइट लांच वेहिकल) यानी संवर्द्धित उपग्रह वाहक यान का नाम दिया गया है। आंध्रप्रदेश के श्रीहरिकोटा द्वीप के अंतरिक्ष अड्डे से अब जल्दी ही इसका प्रथम परीक्षण होने वाला है। यह ए.एस.एल.वी. राकेट 150 किलोग्राम भार के वैज्ञानिक उपग्रह को करीब 400 किलोमीटर ऊपर की कक्षा में स्थापित करेगा। इस प्रकार भारत अपने राकेटों के विकास की एक और महत्त्वपूर्ण मंजिल तय करेगा।

ए.एस.एल.वी. तथा अन्य विकासाधीन भारतीय राकेट चूंकि एस.एल.वी.–3 के ढांचे पर आधारित हैं, इसलिए सर्वप्रथम एस.एल.वी.–3 की रचना और कार्यप्रणाली को ठीक से समझ लेना जरूरी है।

एस.एल.वी.–3 चार खंडों वाला राकेट है। करीब 23 मीटर ऊंचे इस राकेट का कुल भार 17 टन है। सबसे निचले प्रथम खंड का व्यास एक मीटर है और सबसे ऊपरी चौथे खंड का व्यास 60 सेंटीमीटर। चारों खंडों में ठोस प्रणोदक (प्रोपेलैंट) यानी ईंधन का इस्तेमाल होता है। पोलिमर पर आधारित यह मिश्रित प्रणोदक भारतीय वैज्ञानिकों ने अपने प्रयास से तैयार किया है।

राकेट अपने साथ ईंधन और आक्सीजन लेकर उड़ान भरता है, इसीलिए यह वाहन निर्वात अंतरिक्ष में यात्रा करने में समर्थ है क्योंकि उसमें इस्तेमाल होने वाला बारूद का चूर्ण स्वयं प्रज्वलित हो सकता है। राकेट में स्थापित प्रणोदक के जलने पर जब तप्त गैसें तेजी से बाहर दौड़ती हैं, तो उनकी ठेल से राकेट–यान विपरीत दिशा में आगे बढ़ता है। केवल राकेट–यान ही वायुरहित अंतरिक्ष में यात्रा कर सकता है, यह जानकारी वैज्ञानिकों को वर्तमान सदी के आरंभ में ही मिली।

राकेटों में ठोस और द्रव दोनों प्रकार के प्रणोदकों का उपयोग होता है। द्रव प्रणोदक वाले राकेट अधिक शक्तिशाली होते हैं और उन्हें नियंत्रित रखने में सुविधा होती है पर उनके निर्माण में अधिक कठिनाइयां आती हैं, ठोस प्रणोदक वाले मोटर–इंजन को चालू कर देने के बाद फिर बंद करना संभव नहीं होता।

राकेट को धरातल से ऊपर उठाने के लिए काफी ज्यादा ठेल की आवश्यकता होती है। इसीलिए शक्तिशाली राकेटों के निचले खंडों के साथ अक्सर ठोस प्रणोदक वाले अतिरिक्त राकेट-इंजन जोड़ दिए जाते हैं। इन्हें बूस्टर राकेट कहते हैं।

एस.एल.वी.-3 में बूस्टर राकेटों की कोई व्यवस्था नहीं थी परंतु नए ए.एस.एल.वी. राकेट में यह व्यवस्था की गई है। एस.एल.वी.-3 और ए.एस.एल.वी. राकेटों में महत्त्वपूर्ण बुनियादी अंतर यही है। एस.एल.वी.-3 के प्रथम खंड की मोटर औसतन 45 टन की ठेल पैदा करती है। ए.एस.एल.वी. के प्रथम खंड के साथ ठोस प्रणोदक वाले ऐसे ही दो और बूस्टर राकेट जोड़ दिए गए हैं। पूरे ए.एस.एल.वी. राकेट में ठोस प्रणोदक का ही इस्तेमाल हो रहा है।

दो अतिरिक्त बूस्टरों के कारण ए.एस.एल.वी. अधिक शक्तिशाली राकेट होगा। त्रिवेंद्रम के विक्रम साराभाई अंतरिक्ष केंद्र में बना यह राकेट श्रीहरिकोटा के अंतरिक्ष अड्डे से प्रक्षेपित किया जाएगा। यह इस राकेट की प्रथम विकासशील उड़ान है। समुद्री तूफान के कारण श्रीहरिकोटा के केंद्र को क्षति पहुंची थी, इसलिए ए.एस.एल.वी. की प्रथम उड़ान दो-तीन बार स्थगित करनी पड़ी। अब जल्दी ही इस उड़ान का आयोजन हो रहा है।

एस.एल.वी.-3 से करीब 40 किलोग्राम भार के जिस उपग्रह को कक्षा में छोड़ा गया था, उसका नाम रोहिणी था। श्रीकृष्ण रोहिणी नक्षत्र में जनमें थे। अब ए.एस.एल.वी. राकेट से 150 किलोग्राम भार के जिस उपग्रह को करीब 400 किलोमीटर ऊपर पृथ्वी की कक्षा में छोड़ा जा रहा है, उसे 'स्रोस' (स्ट्रेच्ड रोहिणी सैटेलाइट सीरिज) नाम दिया गया है।

यूरोप-अमेरिका के राकेटों को आमतौर पर प्राचीन यूनानी या रोमन देवी-देवताओं के नाम दिए गए हैं, जैसे—अपोलो, टाइटन, सैटर्न आदि। भारतीय वैज्ञानिकों ने भी अपने कुछ उपग्रहों को आर्यभट, भास्कर और रोहिणी जैसे सुंदर स्वदेशी नाम दिए थे लेकिन देश में ही बने पहले संचार उपग्रह को 'एप्पल' नाम दिया गया और अमेरिका से खरीदे गए संचार उपग्रह को 'इन्सैट' कहा गया।

एस.एल.वी.-3 और ए.एस.एल.वी. राकेट पूर्णतः स्वदेशी हैं। फिर इनका नामकरण विदेशी भाषा में क्यों किया जा रहा है ? 40 किलोग्राम भार का रोहिणी उपग्रह बढ़कर 150 किलोग्राम भार का हो जाता है, तो किस मानसिकता के कारण उसका नाम 'स्रोस' हो जाता है ? अब स्वदेशी ए.एस.एल.वी. राकेट पर आरूढ़ होकर ही स्वदेशी उपग्रह स्रोस अंतरिक्ष में पहुंचेगा। कम-से-कम भारतीय प्रयासों के नाम तो भारतीय होने ही चाहिए। अपनी गाढ़ी कमाई का काफी धन अंतरिक्ष अनुसंधान में लगाने वाली भारतीय जनता अपने अंतरिक्ष वैज्ञानिकों से

इतनी आशा तो रखने की हकदार है। अकेले ए.एस.एल.वी. के विकास पर करीब 20 करोड़ रुपये खर्च हुए हैं।

ए.एस.एल.वी. राकेट के निर्माण में करीब दस लाख कल-पुर्जों का इस्तेमाल हुआ। सातवीं पंचवर्षीय योजना के दौरान इस राकेट की चार उड़ानें आयोजित की जानी हैं। पहली दो उड़ाने विकासात्मक होंगी और अगली दो परिचालनात्मक। पहली उड़ान में जिस स्रोस उपग्रह को कक्षा में स्थापित किया जा रहा है उसमें राकेट-यान की कार्यकुशलता को अंकित करने वाले उपकरण होंगे। साथ ही उसमें सुदूर बह्मांड से आने-जाने वाली गामा किरणों को ग्रहण करने वाले यंत्रोपकरण भी रहेंगे। स्रोस उपग्रह करीब सौ दिन तक कक्षा में टिका रहेगा।

ए.एस.एल.वी. की दूसरी उड़ान में पश्चिम जर्मनी के एक सुदूर संवेदन उपग्रह को कक्षा में स्थापित करने की योजना है। इस राकेट की तीसरी और चौथी उड़ानों में संभवतः वैज्ञानिक उपग्रहों को कक्षा में छोड़ा जाएगा।

भारत ने भास्कर नामक जिन दो भूसर्वेक्षण या सुदूर-संवेदन उपग्रहों का निर्माण किया था, उन्हें सोवियत संघ के राकेटों से कक्षाओं में स्थापित किया गया था। अब बेंगलूर के उपग्रह केंद्र में नई किस्म के आई.आर.एस. (इंडियन रिमोट-सेंसिंग सैटेलाइट), यानी भारतीय सुदूर-संवेदन उपग्रह विकसित किए जा रहे हैं। चूंकि फिलहाल हमारे पास ऐसा कोई राकेट नहीं जो इन उपग्रहों को ऊंची कक्षा में स्थापित कर सके, इसलिए प्रायोगिक दौर का पहला आई.आर.एस. उपग्रह अगले वर्ष एक सोवियत राकेट के जरिए अंतरिक्ष में छोड़ा जाएगा।

लेकिन अब हमारे देश में एक ऐसा राकेट भी विकासाधीन है, जो एक हजार किलोग्राम भार के आई.आर.एस. उपग्रह को एक हजार किलोमीटर ऊपर की ध्रुवीय कक्षा में स्थापित करने में समर्थ होगा। ऐसे उपग्रह दोनों ध्रुवों के ऊपर से यात्रा करते हुए पृथ्वी की परिक्रमा करते हैं। ध्रुवीय कक्षा में स्थापित उपग्रह से भूसर्वेक्षण में बड़ी सुविधा होती है।

आई.आर.एस. उपग्रह को ध्रुवीय कक्षा में स्थापित करने के लिए जिस राकेट का विकास किया जा रहा है, उसका नाम है पी.एस.एल.वी. (पोलर सैटेलाइट लांच वेहिकल) यानी ध्रुवीय उपग्रह वाहक यान। यह राकेट भी ए.एस.एल.वी.-3 के बुनियादी ढांचे पर ही आधारित होगा। ए.एस.एल.वी. के प्रथम खंड के साथ दो बूस्टर राकेट जोड़े गए हैं, जबकि पी.एस.एल.वी. के प्रथम खंड के साथ छह बूस्टर राकेट जोड़े गए हैं। साथ ही, इस राकेट के दूसरे खंड में ठोस प्रणोदक के स्थान पर द्रव प्रणोदक का इस्तेमाल होगा। तीसरे-चौथे खंडों में ठोस प्रणोदक ही रहेंगे।

लेकिन यह पी.एस.एल.वी. राकेट भी इन्सैट जैसे संचार उपग्रह को 36000 किलोमीटर ऊपर की भूस्थिर कक्षा में स्थापित नहीं कर पाएगा। इसके लिए हमें

अधिक शक्तिशाली राकेट का विकास करना होगा। ऐसा जी.एस.एल.वी. (जियो-सिंक्रोनस लांच वेहिकल) राकेट विकसित करने की योजना भी बन रही है। इस योजना के अनुसार ऐसा भारतीय राकेट 1993 तक बनकर तैयार हो जाएगा। तब हम इन्सैट जैसे अपने उपग्रहों को अपने ही राकेट-यानों से भूस्थिर कक्षा में स्थापित कर सकेंगे। चीन यह क्षमता प्राप्त कर चुका है।

जैसा कि हमने आरंभ में कहा है, उपग्रह को पृथ्वी की कक्षा में स्थापित करने वाला शक्तिशाली राकेट विध्वंसक प्रक्षेपास्त्र भी बन सकता है। दुनिया का कोई भी देश महज विशुद्ध अंतरिक्ष अनुसंधान के लिए राकेट-टेक्नालॉजी का विकास नहीं करता। भारत के बारे में भी वास्तविकता यही है।

राकेट की उड़ान में विकास की पहचान

17 अप्रैल, 1983 को उपग्रह प्रक्षेपक राकेट (एस.एल.वी.-3) की दूसरी सफल विकासात्मक उड़ान से पहले की उड़ान श्रीहरिकोटा से 31 मई, 1981 को हुई थी। यह इस राकेट की पहली विकासात्मक उड़ान थी (इसके पहले दो प्रयोगात्मक उड़ानें हो चुकी थीं)। इस राकेट ने 38 किलोग्राम भार के रोहिणी उपग्रह को समीप की पार्थिव कक्षा में स्थापित किया था। पूर्वयोजना के अनुसार रोहिणी उपग्रह को 10 दिन तक कक्षा में टिकना था परंतु नियोजित कक्षा में स्थापित न हो सकने के कारण यह उपग्रह 9 दिन बाद ही वायुमंडल में उतरकर नष्ट हो गया। अधिकृत रूप से स्वीकार किया गया कि प्रयोग आंशिक रूप से असफल रहा।

प्रथम प्रयोगात्मक उड़ान

एस.एल.वी.-3 (सैटेलाइट लांच वेहिकल-3) की प्रथम प्रायोगिक उड़ान भी आंशिक रूप से असफल रही थी। यह 10 अगस्त, 1979 की घटना है। राकेट के दूसरे खंड में खामी आ जाने से यह प्रथम प्रायोगिक उड़ान सफल नहीं रही लेकिन इसके बाद की दूसरी उड़ान जो श्रीहरिकोटा से 18 जुलाई, 1980 को हुई। पूर्णतः भारत निर्मित एस.एल.वी.-3 राकेट ने 35 किलोग्राम भार के भारत में ही निर्मित रोहिणी उपग्रह को 300 × 900 किलोमीटर की दीर्घ वृत्ताकार कक्षा में स्थापित कर दिया। अपने ही राकेट से अपने उपग्रह को कक्षा में स्थापित करने वाले चंद देशों में भारत भी शामिल हो गया।

इस प्रकार एस.एल.वी.-3 की अब तक की उड़ानों की संक्षिप्त कथा रही— पहली प्रायोगिक उड़ान आंशिक असफल, दूसरी प्रायोगिक उड़ान पूर्ण सफल, तीसरी उड़ान (पहली विकासात्मक उड़ान) आंशिक असफल और अब यह चौथी (दूसरी विकासात्मक) उड़ान पूर्ण सफल।

आपको शायद आश्चर्य होगा कि जिस परीक्षण को हम आमतौर पर असफल मान सकते हैं, उसे आंशिक रूप से असफल क्यों माना जाता है लेकिन वास्तविकता यही है खासकर राकेट परीक्षणों के मामले में। यदि हम

दूसरे देशों के आरंभिक राकेट परीक्षणों के इतिहास पर नजर डालें, तो पता चलता है कि तुलना में भारत ने अल्प समय में बहुत बड़ी सफलता प्राप्त की है।

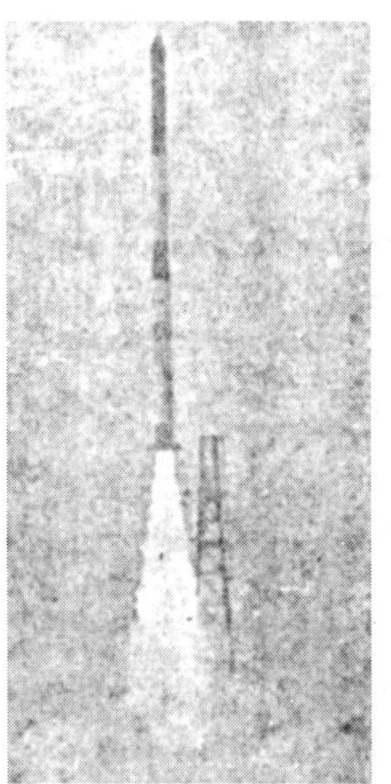

रोहिणी उपग्रह

भार : लगभग 40 किलोग्राम, इस बार 41.5 किलोग्राम।

आकार : बहुफलकीय आठ सपाट सतहों का अर्धगोला।

ऊंचाई : 550 मिलिमीटर।

स्थायीकरण : परिभ्रमण अक्ष पर घूर्णण द्वारा।

घूर्णन दर : 180 प्रति मिनट।

विद्युत शक्ति : सौर-सेल पैनलों और निकिल कैडमियम बैटरी से।

कक्षा : दीर्घवृत्तीय 300 × 600 किलोमीटर।

परिक्रमाकाल : लगभग 97 मिनट।

जीवनकाल : लगभग सौ दिन।

असफल परीक्षण ने कराई आत्महत्या

दूसरे महायुद्ध के दौरान जर्मनी से वी.-2 राकेट (प्रक्षेपणास्त्र) के अनेक आरंभिक परीक्षण असफल रहे। उदाहरण के लिए लंबी दूरी की मार के लिए किए जा रहे वी.-2 के परीक्षण के समय मार्शल गोएरिंग उपस्थित था। पहला वी.-2 राकेट ऊपर उठा ही नहीं, धरातल पर ही जलकर खाक हो गया। दूसरा राकेट लांच के बाद विस्फोटित हो गया और धड़ाम से धरती पर आ गिरा और तीसरा राकेट धरातल पर ही विस्फोटित हो गया।

वी.-2 निर्माण-योजना के निदेशक कर्नल डार्न बर्गर की बड़ी थू-थू हुई। गोएरिंग ने उन्हें बड़ा अपमानित किया। वी.-2 की समूची परियोजना के लिए जिम्मेदार थे जनरल बेकेर। उन्होंने आत्महत्या ही कर ली।

राकेटों के आरंभिक परीक्षणों की असफलताओं के ऐसे अनेकानेक उदाहरण मिलते हैं। अमेरिकी राकेट परीक्षणों को ऐसी अनेक असफलताएं मिली हैं। महायुद्ध के बाद जर्मनी के 100 वी.-2 राकेट और अनेक राकेट विशेषज्ञ अमेरिका के हिस्से

आए। तभी जाकर वहां राकेटों (प्रक्षेपणास्त्रों) के निर्माण में तेजी आई। स्मरण रहे कि भारत का एस.एल.वी.-2 राकेट वी.-2 राकेट से अधिक शक्तिशाली है।

एस.एल.वी.-3 परियोजना

भारतीय अंतरिक्ष अनुसंधान संगठन (इसरो) की स्थापना (1972) के साथ ही उसी साल एस.एल.वी.-3 की परियोजना को संगठित किया गया और ए.पी.जे. अब्दुल कलाम को इसका निदेशक नियुक्त किया गया। समूची परियोजना पर 20 करोड़ से भी अधिक रुपये खर्च करके अगस्त, 1979 में जब पहले एस.एल.वी.-3 राकेट का परीक्षण हुआ, तो यह असफल रहा। कहा जा सकता है कि एक करोड़ से भी अधिक रुपये धूल में मिल गए लेकिन इस कारण एस.एल.वी.-3 के शिल्पी अब्दुल कलाम को तनिक भी अपमानित नहीं होना पड़ा। उलटे उनका उत्साह बढ़ाया गया। परिणामतः केवल 11 महीने बाद परीक्षण के लिए दूसरा एस.एल.वी. राकेट तैयार हो गया। इस बार राकेट के सिरे पर 35 किलोग्राम भार का रोहिणी उपग्रह भी सवार था। 18 जुलाई, 1980 को सुबह इस बार भी सारी जांच-पड़ताल के बाद अब्दुल कलाम ने ही राकेट को प्रक्षेपित कर देने का आदेश दिया।

एस.एल.वी.-3 के शिल्पी अब्दुल कलाम

प्रक्षेपण के लगभग एक घंटे बाद अधिकृत रूप से घोषित किया गया कि भारतीय उपग्रह प्रक्षेपक राकेट एस.एल.वी.-3 की द्वितीय प्रायोगिक उड़ान सफल रही। रोहिणी उपग्रह लगभग 300 × 900 किलोमीटर की कक्षा में प्रक्षेपण के आठ मिनट बाद स्थापित हो गया है। अब्दुल कलाम को पद्म-भूषण की उपाधि से सम्मानित किया गया।

बढ़ता उपग्रह-भार

एस.एल.वी.-3 हमारी अंतिम मंजिल नहीं है बल्कि इसी दशक के अंत तक तैयार हो जाने वाले अधिक शक्तिशाली भारतीय राकेटों के लिए मूलाधार है। एस. एल. वी.-3 के प्रथम खंड के साथ दो और संवर्द्धक (बूस्टर) जोड़कर संवर्द्धित एस.एल.वी. (एस.एल.वी.) राकेट बनेगा। यह राकेट मौजूदा 41 किलोग्राम भार के रोहिणी उपग्रह की बजाय 150 किलोग्राम भार के एक उपग्रह को कक्षा में स्थापित करने में समर्थ होगा।

परंतु राकेट निर्माण की दिशा में वर्तमान दशक की प्रमुख योजना है—ध्रुवीय उपग्रह प्रक्षेपक राकेट (पी.एस.एल.वी.)। इस शक्तिशाली राकेट के लिए एस.एल.वी.-3 के प्रथम खंड के साथ दो की बजाय 6 संवर्द्धक (बूस्टर) जोड़े जाएंगे। यह राकेट 1000 किलोग्राम भार के एक उपग्रह को ध्रुवीय कक्षा में स्थापित करेगा। अर्थात् ऐसा उपग्रह दोनों ध्रुवों के ऊपर से गुजरेगा और इस प्रकार समूचे धरातल का सर्वेक्षण करने में समर्थ होगा।

एस.एल.वी.-3 राकेट के चौथे खंड की मोटर भी उपयोगी सिद्ध हो चुकी है। यह अप-भूवर्द्धक मोटर (ए.बी.एम.) उपग्रह को दीर्घवृत्तीय कक्षा में स्थापित करती है। यूरोपीय अंतरिक्ष एजेंसी के 'एरियनी' राकेट ने हमारे एप्पल उपग्रह को एक दीर्घवृत्तीय कक्षा में स्थापित कर दिया था। पर इस उपग्रह को दीर्घवृत्तीय कक्षा से 36000 किलोमीटर ऊपर की भूस्थायी कक्षा में स्थापित करने का अत्यंत जटिल कार्य एप्पल से जुडी हुई भारत में निर्मित (एस.एल.वी.-3 के चतुर्थ खंड की) ए.बी.एम. (मोटर) ने ही किया है, सफलतापूर्वक।

तात्पर्य यह कि आगे के अधिक शक्तिशाली भारतीय राकेटों के लिए एस.एल.वी.-3 एक ठोस मूलाधार की तरह है। एस.एल.वी.-3 और इसको आधार बनाकर तैयार होने वाले अधिक शक्तिशाली राकेटों की रचना एवं कार्यप्रणाली की जानकारी आगे देंगे। प्रथम यह जानना अधिक उपयोगी होगा कि एस.एल.वी.-3 तक की मंजिल 'इसरो' के वैज्ञानिकों ने किस प्रकार तय की है।

प्राचीन अग्निबाण

इसरो से संबंधित 'अंतरिक्ष विज्ञान और तकनीकी, के एक विशेषज्ञ ने भारतीय राकेट के बारे में लिखी अपनी हिंदी पुस्तक में भले ही यह दावा किया हो कि प्राचीन भारतीय ग्रंथों में उल्लिखित अग्निबाणों को निश्चित रूप से आधुनिक राकेटों का मूलरूप माना जा सकता है और ऐसे अग्निबाणों की तकनीकी से भारतीय वैदिक युग से परिचित थे पर हम जानते हैं कि एस.एल.वी.-3 का कोई भी हिस्सा किसी भी प्राचीन ग्रंथ की जानकारी के आधार पर नहीं बना है और जहां तक अंतरिक्ष यात्रा का सवाल है, इसका प्रशिक्षण प्राप्त करने के लिए दो भारतीयों को हमने सोवियत संघ भेजा है और अगले वर्ष सोवियत संघ का अंतरिक्ष यान ही प्रथम भारतीय को अंतरिक्ष की सैर कराएगा।

इसी प्रकार हैदरअली और टीपू सुलतान के समय (1790-99) में भले ही युद्धास्त्रों के रूप में भारत में छोटे राकेटों का इस्तेमाल हुआ हो और इन्हीं के आधार पर अंग्रेजों ने राकेट युद्धास्त्र तैयार करके 17वीं सदी में अपने सामाज्यवाद का विस्तार किया हो, पर हम भलीभांति जानते हैं कि अभी उस समय तक दुनिया के

किसी भी व्यक्ति को यह बुनियादी बात मालूम नहीं थी कि केवल राकेट–यान ही निर्वात अंतरिक्ष में यात्रा कर सकता है और केवल राकेट–यान ही मानव को अंतरिक्ष में पहुंचा सकता है। इन बुनियादी बातों की जानकारी दुनिया को 1903 में पहली बार मिली, रूसी वैज्ञानिक त्सिओल्कोवस्की के अनुसंधानों से।

भारत में अंतरिक्ष अनुसंधान का कार्य 1961 से आरंभ हुआ 'स्पूतनिक' को छोड़े जाने के चार साल बाद। 1962 में डॉ. साराभाई भारतीय अंतरिक्ष अनुसंधान कमेटी के अध्यक्ष बने। इसी वर्ष थुंबा अंतरिक्ष केंद्र की स्थापना हुई और यहां से साउंडिंग राकेटों के परीक्षण का कार्य आरंभ हुआ। थुंबा से चुंबकीय भूमध्य–रेखा गुजरती है इसलिए ऊपरी आयन मंडल के अध्ययन के लिए इस स्थल का जागतिक महत्त्व है।

शुरू के राकेट

उस समय तक हमारे यहां छोटे राकेट भी नहीं बनते थे। आरंभ में वैज्ञानिक परीक्षण के लिए छोटे–छोटे साउंडिंग राकेट हमें फ्रांस, अमेरिका और सोवियत संघ से मिले। ऐसा पहला साउंडिंग राकेट नाइक अपाचे 21 नवंबर, 1962 को थुंबा से छोड़ा गया आज से 20 साल पहले। भारतीय भूमि पर एक छोटे विदेशी राकेट के इस प्रथम परीक्षण का महत्त्व इसी से स्पष्ट है कि इस अवसर पर डॉ. भाभा, डॉ. साराभाई, प्रो. भावसर, प्रो. चिटनिस आदि अनेक वैज्ञानिक और केरल के गवर्नर घटनास्थल पर उपस्थित थे। कुछ समय बाद थुंबा के पास बेली पहाड़ी पर भारतीय राकेट निर्माण केंद्र की स्थापना हुई।

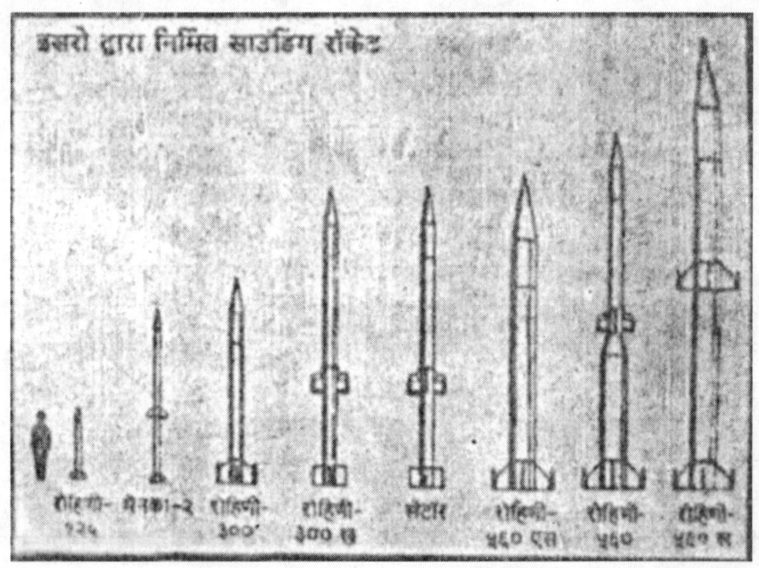

इस केंद्र में निर्मित पहला भारतीय राकेट है—रोहिणी–75 । लगभग एक मीटर लंबे और 75 मिलिमीटर व्यास के इस एकचरणी राकेट में कारडाइट डबल बेस प्रणोदक (ईंधन) का इस्तेमाल हुआ और नवंबर, 1967 में थुंबा में इसका परीक्षण हुआ। इसी के एक विकसित रूप का फरवरी, 1969 में सफल प्रक्षेपण हुआ।

इसके अनंतर रोहिणी श्रृंखला में अधिकाधिक शक्तिशाली राकेट बनते गए-रोहिणी–100, 125, 200, 300 और अंत में रोहिणी–560। रोहिणी–560 दो खंडों वाला एक शक्तिशाली साउंडिंग राकेट है। श्रीहरिकोटा से इस राकेट के अनेक प्रक्षेपण हो चुके हैं। इसका प्रथम प्रक्षेपण जनवरी, 1973 में हुआ था और इसी वर्ष, आज से दस साल पहले एस.एल.वी.–3 के निर्माण की योजना बनी। एक साल पहले, जून, 1972 में परमाणु ऊर्जा आयोग के ढंग पर एक अंतरिक्ष आयोग की स्थापना की गई थी। प्रो. सतीश धवन इसके अध्यक्ष बने। ए.पी.जे. अब्दुल कलाम एस.एल.वी.–3 परियोजना के निदेशक नियुक्त हुए।

एल लाख से अधिक कल-पुर्जे

एस.एल.वी.–3 का निर्माणकार्य आरंभ हुआ। इस राकेट में एक लाख से भी अधिक कल–पुर्जे लगते हैं। अत: सबसे पहले इन कल–पुर्जों के लिए भारत की लगभग 31 फैक्टरियों व राष्ट्रीय संगठनों का दौरा किया गया। सर्वप्रथम तीसरे और चौथे चरणों की मोटरों पर कार्य आरंभ हुआ। पहले और दूसरे चरणों की मोटरों का कार्य 1975 में शुरू हुआ। इस प्रकार अनकानेक परीक्षणों के बाद 1979 में प्रथम प्रायोगिक उड़ान के लिए एस.एल.वी.–3 राकेट बन कर तैयार हो गया केवल 6 साल की अल्पावधि में।

रोहिणी उपग्रह

इस बीच केवल एस.एल.वी.–3 राकेट ही नहीं बना। राकेट के निर्माण एवं प्रेक्षपण से संबंधित अनेक साधन एवं सुविधाएं देश में अस्तित्व में आई। 1969 से आंध्र प्रदेश के तटवर्ती टापू श्रीहरिकोटा में एस.एल.वी.–3 के प्रक्षेपण के लिए अनेकानेक सुविधाएं

जुटाई गई हैं। श्रीहरिकोटा में हमारा राष्ट्रीय अंतरिक्ष अड्डा है।

इसी प्रकार, त्रिवेंद्रम के विक्रम साराभाई केंद्र में प्रणोदक (ईंधन) और यंत्र उपकरण बनाने की सुविधाएं अस्तित्व में आईं। बेंगलूर के समीप पीन्या में उपग्रहों के निर्माण का केंद्र स्थापित हुआ। आर्यभट, भास्कर और एप्पल उपग्रह इसी केंद्र में बने हैं। एस.एल.वी.-3 पर सवार होने वाला करीब 41 किलोग्राम भार का रोहिणी उपग्रह भी इसी केंद्र में बना है।

विदेशी मदद की विवशता बनी रहेगी

यह सही है कि एक शक्तिशाली राकेट एक शक्तिशाली प्रक्षेपास्त्र भी है और इसीलिए बड़े राकेटों के निर्माण में विशेष विदेशी सहायता नहीं मिलती। वरना, एस.एल.वी.-3 से काफी अधिक मिलता-जुलता एक राकेट 1960 के पहले ही अमेरिका में बन चुका था। यह था स्काउट राकेट। चारों खंडों में ठोस प्रणोदक वाले इस 17 टन भार के 22 मीटर ऊंचे राकेट की ठेल (थ्रस्ट) हमारे एस.एल.वी.-3 की ठेल से कुछ अधिक ही थी।

स्काउट पहला संपूर्ण ठोस प्रणोदक राकेट था, जिसने 16 फरवरी, 1961 को एक अमेरिकी उपग्रह एक्सप्लोरर-9 को रोहिणी से भी कहीं अधिक ऊंची कक्षा में स्थापित किया था। स्काउट राकेट 70 से 140 किलोग्राम तक भार के उपग्रह को कक्षा में डालने में समर्थ था।

25 साल पीछे

दरअसल, हमारा एस.एल.वी.-3 राकेट अमेरिकी स्काउट राकेट के अनुकरण पर ही बना है। अनुकरण करने पर भी राकेट निर्माण के मामले में हम पच्चीस साल पीछे हैं।

सोवियत संघ और अमेरिका के बाद फ्रांस संसार का तीसरा देश था, जिसने 26 नवंबर, 1965 को अपने राकेट टाइमन (डायमंड, हीरा) से अपना एक उपग्रह कक्षा में स्थापित किया। तीन खंडों के इस फ्रांसीसी राकेट के प्रथम खंड में द्रव प्रणोदक और ऊपरी दो खंडों में ठोस प्रणोदक का इस्तेमाल हुआ था। यह राकेट एस.एल.वी.-3 से कुछ बेहतर ही था और इसने पहले फ्रांसीसी उपग्रह को रोहिणी से कुछ अधिक ऊंचाई पर स्थापित कर दिया था।

एक उपग्रह को कक्षा में स्थापित कर सकने में समर्थ राकेट-इंजन का निर्माण करने वाला चौथा देश है इंग्लैंड। यह राकेट-इंजन है—ब्ल्यूस्ट्रीक। यूरोपीय अंतरिक्ष अनुसंधान संगठन ने जिस शक्तिशाली राकेट का विकास किया

है, उसके प्रथम खंड के लिए इसी राकेट-इंजन का उपयोग हुआ है। दूसरे खंड के लिए फ्रांसीसी और तीसरे खंड के लिए जर्मन राकेट-इंजनों का इस्तेमाल हुआ है। यूरोपीय अंतरिक्ष अनुसंधान संगठन के एरियनी राकेट ने ही भारत के संचार-उपग्रह एप्पल को प्रक्षेपित किया था।

जापान ने तो कमाल ही कर दिया। तोकियो विश्वविद्यालय के अंतरिक्ष केंद्र के वैज्ञानिकों ने अपने ही बल पर एक राकेट (लांब्दा) तैयार किया और 11 फरवरी, 1970 को 23 किलोग्राम भार के उसुमी उपग्रह को पार्थिव कक्षा में स्थापित कर दिया। अपने राकेट से अपना एक उपग्रह छोड़ने वाला जापान पांचवां देश हो गया। इसके बाद सरकारी क्षेत्र में जापान ने अधिक शक्तिशाली राकेट विकसित किए हैं। विशेष बात यह है कि जापान अपने प्रक्षेपक राकेटों का विकास पूर्णतः अपने साधनों से कर रहा है।

चीनी राकेट

जापान के केवल दो महीने बाद 24 अप्रैल, 1970 को चीन ने अपना पहला उपग्रह (भार 173 किलोग्राम) 450 × 2384 किलोग्राम की अंडाकार कक्षा में स्थापित कर दिया। स्पष्ट है कि यह चीनी राकेट हमारे एस.एल.वी.-3 से तो अधिक शक्तिशाली था ही फ्रांस के टाइमन, जापान के लांब्दा और इंग्लैंड के ब्लैक एरो से भी अधिक शक्तिशाली था। दरअसल, यह चीनी राकेट एक मध्यम-भारी प्रक्षेपास्त्र (आई.आर.बी.एम.) की कोटि का था।

विश्वस्त सूत्रों के अनुसार, चीन ने अब अंतरमहाद्वीपीय प्रक्षेपास्त्र (आई.सी.बी.एम.) बना लिया है।

इस प्रकार अपने राकेट से अपना एक उपग्रह कक्षा में स्थापित करने वाला भारत दुनिया का सातवां देश तो बन गया है पर राकेट की शक्ति के मामले में हम इन सबसे पीछे हैं। हमारा मौजूदा एस.एल.वी.-3 राकेट करीब 75 टन ठेल पैदा करने की क्षमता रखता है। आदमी को चांद पर भेजने वाला संसार का एक सर्वाधिक शक्तिशाली राकेट सैटर्न-5 करीब 4000 टन ठेल की क्षमता रखता है।

मानवशक्ति और संपत्ति का यह कितना बड़ा अपव्यय है कि जो राकेट आज से करीब 23 साल पहले अमेरिका में बन चुका था, उसी का अब करीब 10 साल के अथक प्रयास और करीब 30 करोड़ रुपयों के खर्च के बाद भारत में पुनः निर्माण किया गया है। युद्धों के लिए इस्तेमाल होने वाले प्रायः सभी उन्नत तकनीकी साधनों की आज यही व्यथा है। अतः अमेरिकी राकेट का अनुकरण करने की बात तो समझ में आ जाती है पर नाम के अंधानुकरण के लिए कौन-सी विवशता थी?

नामकरण की व्यथा

मेरे अनेक पाठक अक्सर मुझसे पूछते हैं कि आर्यभट, भास्कर व रोहिणी जैसे शुद्ध भारतीय नामों के साथ-साथ एप्पल, इन्सैट, एस.एल.वी.-3 जैसे विदेशी नाम क्यों? क्या उत्तर दूं? एक बात स्पष्ट नजर आती है। आर्यभट और भास्कर उपग्रहों के निर्माण में और प्रक्षेपण में सोवियत संघ से सहायता मिली है। दूसरी ओर एप्पल संचार उपग्रहों का निर्माण तो भारत में हुआ है, पर इसे प्रक्षेपित किया गया यूरोपीय अंतरिक्ष एजेंसी के एरियनी (एक यूनानी देवी का नाम) राकेट से इसलिए यह एप्पल (एरियनी पैसेंजर पे-लोड एक्सपेरिमेंट्स) नाम। इन्सैट (इंडियन सैटेलाइट) उपग्रह हमने पैसे देकर ठेके पर एक अमेरिकी कम्पनी से बनवाया। मजे की बात यह है कि आगे जाकर भारत में ही ऐसे जो उपग्रह बनेंगे उनके नाम भी इन्सैट ही रहेंगे।

और हम बता चुके हैं कि एस.एल.वी.-3 राकेट अमेरिकी राकेट स्काउट के अनुकरण पर बना है फिर ये एस.एल.वी.-3 (सैटेलाइट लांच वेहिकल) नाम क्यों? बात यह है कि 1970 के आसपास जब हमारे देश के अंतरिक्ष वैज्ञानिक उपग्रह को प्रक्षेपित कर सकने में समर्थ एक राकेट के विकास की रूपरेखा तैयार कर रहे थे, तब उनके सामने अनेक अमेरिकी राकेटों के प्रतिरूप थे, जिनमें से एक था एस.एल.वी.-3सी.। बस, इसी अमेरिकी नाम को स्वदेशी राकेट के लिए अपना लिया गया।

थोड़ी देर के लिए माना की अंग्रेजी में यह संक्षिप्त नाम सुविधाजनक है पर भारतीयों के लिए, भारतीय भाषाओं के लिए विवश होकर हमें एस.एल.वी.-3 नाम का ही इस्तेमाल करना पड़ता है और प्रत्येक बार समझना पड़ता है कि पूर्ण नाम है सैटेलाइट लांच वेहिकल यानी उपग्रह प्रक्षेपक यान।

एस.एल.वी.-3 की सफलता की बुनियाद पर अब जो दो शक्तिशाली राकेट तैयार होने जा रहे हैं उनके नामकरण-संस्कार भी काफी पहले हो चुके हैं। एस.एल.वी.-3 के प्रथम खंड के साथ दो और बूस्टर यानी संवर्द्धक राकेट जोड़कर ए.एस.एल.वी. (आगमेंटेड सैटेलाइट लांच वेहिकल) अर्थात् संवर्द्धित उपग्रह प्रक्षेपक यान तैयार होगा। एस.एल.वी.-3 के साथ 6 बूस्टर जोड़कर जो राकेट बनेगा उसे पी.एस.एल.वी. (पोलर सैटेलाइट लांच वेहिकल) यानी ध्रुवीय उपग्रह प्रक्षेपक यान नाम दिया गया। इस राकेट से उपग्रह को ध्रुवीय कक्षा में स्थापित किया जाएगा इसीलिए यह नाम रखा गया है। अब इन नामों को हमें भारतीय भाषाओं के लिए लंबे समय तक वहन करना होगा। स्मरण रहे कि यह नाम हाइड्रोजन इलेक्ट्रॉन जैसे या रडार या लेसर जैसे नहीं हैं कि भारतीय भाषाएं इन्हें सहज अपना लें।

भारतीय उपग्रहों को आर्यभट और भास्कर नाम देने से आम पाठकों को प्राचीन भारत के इन दो महान गणितज्ञ–ज्योतिषियों के बारे में भी कुछ जानकारी मिल गई थी। एस.एल.वी. को ऐसा ही एक नाम देने में कौन–सी परेशानी थी!

ठोस प्रणोदक राकेट

एस.एल.वी.–3 पूर्णतया एक ठोस प्रणोदक राकेट है। इसके चारों खंडों में कुल मिलाकर लगभग 13 टन ठोस प्रणोदक यानी ईंधन का इस्तेमाल होता है। द्रव प्रणोदक राकेट की अपेक्षा ठोस प्रणोदक राकेट के निर्माण में कुछ आसानी है। ठोस प्रणोदक राकेट में ईंधन टैंक ही दहन–कक्ष होता है। उदाहरण के लिए बारूद के राकेट में प्रणोदक को दहन–कक्ष में शंकु के खोल के रूप में स्थापित किया जाता है। प्रज्वलित होने पर प्रणोदक भीतरी सतह पर जलकर गैसों में रूपांतरित होता है और फिर तुंड में से ये गैसें बाहर दौड़ती हैं। यही गैसें राकेट को विपरीत दिशा में आगे ढकेलती हैं। ठोस प्रणोदक राकेट–मोटरों में समरूप दहन–क्रिया के लिए प्रणोदक को विभिन्न प्रकार से स्थापित किया जाता है।

ठोस प्रणोदक की कुछ सुविधाएं हैं तो कुछ असुविधाएं भी हैं। ठोस प्रणोदक राकेट को एक बार प्रज्वलित कर देने पर फिर बंद नहीं किया जा सकता। इसलिए मानव को अंतरिक्ष में भेजने के लिए ये यान उपयुक्त नहीं हैं। ठोस प्रणोदक युक्त अधिक शक्तिशाली राकेटों के निर्माण में भी अनेक कठिनाइयां हैं। हां, ठोस प्रणोदक युक्त प्रक्षेपास्त्र तैयार करने में सुविधा है। इसके अलावा, ठोस प्रणोदक के 'बूस्टर' जोड़ते हुए अधिक शक्तिशाली राकेट बनाए जा सकते हैं। ठोस प्रणोदक राकेटों की तकनीकी कुछ आसान है, इनके निर्माण में खर्च भी कम आता है। इन्हीं सब कारणों से हमारे अंतरिक्ष वैज्ञानिकों ने ठोस प्रणोदक राकेट को पसंद किया है।

ए.एस.एल.वी. राकेट

एस.एल.वी.–3 के सफल परीक्षण के बाद अब ए.एस.एल.वी. राकेट तैयार किया जाएगा। इसको बनाने में अब कोई बुनियादी कठिनाइयां नहीं हैं। काफी तैयारी भी हो चुकी है। एस.एल.वी.–3 के निचले खंड के साथ इसकी बगल में इसी तरह के दो और 'बूस्टर' जोड़कर यह ए.एस.एल.वी. राकेट तैयार किया जाएगा। 'बूस्टर' का अर्थ है ऐसा राकेट–इंजन जो राकेट को धरातल से उठाने में और इसका वेग बढ़ाने में योग देता है और ईंधन खत्म हो जाने पर नीचे आ गिरता है।

आरंभिक उपग्रह प्रक्षेपक राकेट : 1. ब्लैक ऐरो (इंग्लैंड), 2. टाइमन (फ्रांस), 3. लाम्ब्दा (जापान), 4. चीन, 5.थोर (अमेरिका), 6. यूरोपा-1 (यूरोपीय अंतरिक्ष एजेंसी), 7. एटलस (अमेरिका), 8. टाइटन (अमेरिका)

हम बता चुके हैं कि एस.एल.वी.-3 के चारों खंडों की कुल ठेल (थ्रस्ट) क्षमता लगभग 75 टन है। इसमें अकेले प्रथम खंड की ठेल क्षमता 43 टन है। अत: समूचे ए.एस.एल.वी. राकेट की ठेल क्षमता लगभग 160 टन होगी, एस.एल.वी.-3 की ठेल क्षमता से दो गुना से भी कुछ अधिक। यह राकेट दो-तीन साल के भीतर बनकर तैयार हो जाएगा और 150 किलोग्राम भार के उपग्रह को पार्थिव कक्षा में स्थापित करने में समर्थ होगा।

पी.एस.एल.वी. राकेट

इसके बाद तैयार होने वाला अधिक शक्तिशाली राकेट है पी.एस.एल.वी. (पोलर सैटेलाइट लांच वेहिकल) यानी ध्रुवीय उपग्रह प्रक्षेपक यान। भारतीय अंतरिक्ष अनुसंधान संगठन (इसरो, अंग्रेजी संक्षेप में) की मौजूदा दशक की यह एक प्रमुख योजना है। इस पी.एस.एल.वी. राकेट को एक विशिष्ट किस्म के उन्नत भूसर्वेक्षक उपग्रह को ध्रुवीय कक्षा में स्थापित करने के लिए विकसित किया जाएगा।

एस.एल.वी.-3 द्वारा कक्षा में स्थापित करीब 41 किलोग्राम भार का हमारा रोहिणी उपग्रह एक प्रकार से छोटा-सा भूसर्वेक्षक उपग्रह ही है। इसमें एक विशिष्ट प्रकार का कैमरा स्थापित किया गया है। यह धरातल के चित्र उतारता है। कमाल

है हमारे अंतरिक्ष वैज्ञानिकों का कि उन्होंने स्वदेश में विकसित इस संवेदक कैमरे को भी एक चटपटा-सा अंग्रेजी नाम दे डाला है—'स्मार्ट' यानी चतुर। कारण ? बीच में बादल आ जाने पर यह 'स्मार्ट' कैमरा स्वयमेव बंद हो जाता है।

सोवियत राकेटों से प्रक्षेपित किए गए हमारे दोनों भास्कर उपग्रह भी भू-सर्वेक्षक उपग्रह थे। इनका भार लगभग 440 किलोग्राम था। इतने बड़े उपग्रहों को एस.एल.वी.-3 राकेट कक्षा में स्थापित नहीं कर सकता, न ही निर्माणाधीन एस.एल.वी. राकेट ही कर सकता है।

भारतीय अंतरिक्ष अनुसंधान संगठन ने भास्कर से भी अधिक उन्नत एक भूसर्वेक्षक उपग्रह के निर्माण की योजना बनाई है—आई.आर.एस. यानी इंडियन रिमोट-सेंसिंग सैटेलाइट यानी भारतीय सुदूर-संवेदन उपग्रह और ठीक इसी स्वदेशी उपग्रह को पार्थिव कक्षा में स्थापित करने के लिए पी.एस.एल.वी. राकेट की योजना बनाई गई है। यह उपग्रह विशिष्ट कैमरों और मोटरों से धरातल की मिट्टी का सर्वेक्षण करेगा। जलराशि, आर्द्रता, फसल, फसल के रोग, वन आदि के बारे में जानकारी प्राप्त करके धरती के केंद्रों को भेजेगा।

ऐसा पहला आई.आर.एस. उपग्रह 1985-86 में एक सोवियत राकेट के जरिए प्रक्षेपित किया गया। परंतु ऐसा दूसरा आई.आर.एस. उपग्रह भारतीय राकेट पी.एस.एल.वी. के जरिए ध्रुवीय कक्षा में स्थापित किया जाएगा, मौजूदा दशक के* समाप्ति काल में।

ध्रुवों के ऊपर

ध्रुवीय कक्षा का अर्थ यह है कि यह उपग्रह दोनों ध्रुवों के ऊपर से पृथ्वी की परिक्रमाएं करेगा। चूंकि पृथ्वी अपने ध्रुवीय अक्ष पर परिक्रमा करती है, इसलिए ऐसा उपग्रह न केवल समूचे भारत का बल्कि समस्त धरातल का सर्वेक्षण करने में समर्थ होगा।

आमतौर पर उपग्रह-युक्त राकेटों को पूर्व की ओर प्रक्षेपित किया जाता है। वजह यह है कि ऐसे प्रक्षेपण में पृथ्वी की पश्चिम से पूर्व की ओर की गति भी कुछ सहायक बनती है। इसी दृष्टि से श्रीहरिकोटा अंतरिक्ष अड्डे का विकास किया गया है। यहां से प्रक्षेपित राकेट का निचला खंड बंगाल की खाड़ी में गिरता है।

विषुववृत्तीय कक्षा वाले उपग्रह की अपेक्षा ध्रुवीय कक्षा वाले उपग्रह के प्रक्षेपण के लिए कुछ अधिक समर्थ राकेट की जरूरत होती है। पी.एस.एल.वी. ऐसा ही एक शक्तिशाली राकेट होगा। यह करीब 1000 किलोग्राम भार के एक उपग्रह को करीब 1000 किलोमीटर ऊपर की ध्रुवीय कक्षा में स्थापित करने में

* आई.आर.एस.पी.-2 15-10-1994 को सफलतापूर्वक छोड़ा गया।

समर्थ होगा। इस राकेट का प्रथम खंड 125 टन ठोस प्रणोदक का होगा, जबकि एस.एल.वी.-3 के प्रथम खंड में 43 टन ठोस प्रणोदक होता है। पी.एस.एल.वी. के इस शक्तिशाली प्रथम खंड के साथ एस.एल.वी.-3 के प्रथम खंड के 6 बूस्टर बांधे जाएंगे। इस राकेट का दूसरा खंड द्रव प्रणोदक का होगा और 60 टन ठेल पैदा करेगा। ऊपर के दो खंड ठोस प्रणोदक के ही रहेंगे।

पी.एस.एल.वी. राकेट को श्रीहरिकोटा से छोड़ा जा सकता है या इसके प्रक्षेपण के लिए एक नया ध्रुवीय प्रक्षेपण केंद्र भी स्थापित किया जा सकता है। इसके लिए त्रिवेंद्रम से करीब 20 किलोमीटर दूर बेलियामाला में 200 एकड़ भूमि प्राप्त की जा रही है। द्रव प्रणोदक इंजन के विकास के लिए महेंद्रगिरि (तमिलनाडु) में स्थान का चुनाव किया गया है।

दुतरफा नियति

यही है वर्तमान दशक के अंत तक की राकेट-विकास की हमारी योजनाएं। राकेटों के विकास के साथ-साथ प्रक्षेपास्त्रों की चर्चा न हो, यह संभव नहीं। एस.एल.वी.-3 को चंद महीनों के भीतर एक मध्यम-मारी प्रक्षेपास्त्र (आई.आर.बी.एम.) में बदला जा सकता है। पी.एस.एल.वी. राकेट एक अंतरमहाद्वीपीय प्रक्षेपास्त्र (आई.सी.बी.एम.) बनने की संभावना रखता है। परमाणु ऊर्जा की तरह राकेटों की भी यही दुतरफा नियति है।

हमने स्वदेशी साधनों से एक संचार उपग्रह तैयार किया है एप्पल। पर इसे 36000 किलोमीटर ऊपर की भूस्थायी कक्षा ध्में स्थापित किया गया एरियनी राकेट के जरिए। इन्सैट नामक दो संचार उपग्रह हमने एक अमेरिकी कंपनी से ठेके पर बनवाए हैं। एक अमेरिकी राकेट द्वारा भूस्थायी कक्षा में स्थापित पहला इन्सैट उपग्रह निरुपयोगी सिद्ध हुआ है। अब इस वर्ष सितंबर में संभवत: अमेरिकी स्पेसशटल के जरिए दूसरा इन्सैट उपग्रह प्रक्षेपित किया जाएगा।

रोहिणी उपग्रह में स्थापित 'स्मार्ट' कमरा

स्थिति स्पष्ट है। एक शक्तिशाली संचार उपग्रह को 36000 किलोमीटर ऊपर की भूस्थायी कक्षा में स्थापित करने के लिए हमारे पास कोई राकेट नहीं है, ऐसे किसी राकेट की योजना

भी नहीं है। पी.एस.एल.वी. राकेट भी इन्सैट जैसे संचार उपग्रहों को भूस्थायी कक्षा में स्थापित नहीं कर पाएगा। और, स्थिति यह भी है कि आगे भी संचार प्रणाली के लिए इन्सैट उपग्रह ही बनेंगे। इन्सैट प्रणाली के अनुरूप ही हमने भूकेंद्रों की स्थापना की है, सारा ताम-झाम खड़ा किया है। यदि अमेरिका हमारे लिए इन्सैट उपग्रह नहीं बनाता और इन्हें प्रक्षेपित करने में सहयोग नहीं देता, तो क्या होगा? निश्चय ही तारापुर परमाणु बिजली-घर जैसा हाल होगा।

आज संचार उपग्रहों का सर्वाधिक महत्त्व है और आगे के करीब 15 साल तक हम अपने संचार उपग्रहों का अपने ही राकेटों से भूस्थायी कक्षा में स्थापित करने में कतई समर्थ नहीं हो सकते। स्मरण रहे कि विषुववृत्त के 36000 किलोमीटर ऊपर की भूस्थायी कक्षा में उपग्रहों की भीड़ बढ़ती जा रही है। इस कक्षा में हमें भी अपने नियोजित स्थान भरने हैं, जिसके लिए हम लंबे समय तक आश्रित रहेंगे विदेशी मदद पर।

लेकिन यह हमारी विवशता भी है। अब तक भारतीय अंतरिक्ष अनुसंधान संगठन ने जितना कुछ अर्जित किया है, वह निश्चय ही स्तुत्य है। भारत में हो रहे अन्य क्षेत्रों के विज्ञान और तकनीकी के अनुसंधान कार्य की दयनीय स्थिति देखते हैं, तो अंतरिक्ष अनुसंधान की सफलताएं और भी अधिक स्पष्ट उभरती हैं विशेषत: परमाणु-ऊर्जा संबंधी कार्य की तुलना में।

और, जब हम देखते हैं कि भारतीय अंतरिक्ष अनुसंधान संगठन का लक्ष्य न तो कोई प्रतिस्पर्द्धा है न ही प्रक्षेपास्त्रों का निर्माण है। तो भास्कर, एप्पल और एस.एल.वी.-3 राकेट जैसी उपलब्धियां और भी अधिक सराहनीय हो जाती हैं।

एस.एल.वी. राकेट : कुछ महत्त्वपूर्ण तथ्य

प्रकार—चार खंडों वाला ठोस प्रणोदक राकेट।

आकार—लंबाई 23 मीटर, अधिकतम व्यास एक मीटर।

भार—कुल भार : 17 टन। इसमें प्रणोदक का भार : 13 टन अर्थात् कुल भार का लगभग 80 प्रतिशत।

योजना की शुरुआत—अक्तूबर 1973।

प्रथम प्रायोगिक परीक्षण—10 अगस्त, 1979

प्रणोदक—प्रथम व द्वितीय खंडों में पोली—बुटाडीन एक्रिल नाइट्राइट, तृतीय व चतुर्थ खंडों में इसरो दाई एनर्जी फ्यूल-20।

राकेट-खंड :	खंड 1	खंड 2	खंड 3	खंड 4
प्रणोदक भार	9 टन	3.1 टन	1 टन	25 टन
दहन समय :	53 सेकंड	44 से.	46 से.	31 से.
लंबाई (मीटर) :	10.04	6.5	9.5	1.6

भारतीय राकेट जी.एस.एल.वी. की प्रथम उड़ान—कितनी सफल

भूस्थिर उपग्रह प्रक्षेपण राकेट (जी.एस.एल.वी.) का निर्माण भारतीय अंतरिक्ष अनुसंधान संगठन (इसरो) की एक बहुत बड़ी उपलब्धि है। इस राकेट की प्रथम विकासात्मक परीक्षण उड़ान 18 मई, 2001 को संपन्न हुई। लक्ष्य था—इसरो द्वारा निर्मित भूस्थिर उपग्रह (जीसैट-1) को भूमध्यरेखा के 36000 किलोमीटर ऊपर की वृत्तीय भूस्थिर कक्षा में स्थापित कर देना परंतु यह उड़ान अपने चरम लक्ष्य की पूर्ण प्राप्ति में सफल नहीं रही। जीसैट-1 को जिस कक्षा में पहुंचाया गया उसका सर्वोच्च बिंदु तो धरातल से 36000 किलोमीटर ऊपर ही है, परंतु निम्नोच्च बिंदु करीब 35000 किलोमीटर ऊपर रह गया। परिणामत: जीसैट उपग्रह वृत्तीय भूस्थिर कक्षा की बजाय एक दीर्घवृत्तीय कक्षा में चला गया और नियोजित 24 घंटों की बजाय 23 घंटों में पृथ्वी का एक चक्कर लगा रहा है। साथ ही, यह अपनी कक्षा में प्रतिदिन 13^0, पश्चिम की ओर सरकता जा रहा है।

ऐसा क्यों हुआ, जानना जरूरी है। प्रस्तुत है विस्तृत विवरण और स्पष्ट विवेचन।

यह सही है कि प्राय: सभी देशों के नए विकसित राकेटों की प्रथम प्रायोगिक उड़ानें असफल रही हैं। इसरो के एस.एल.वी.-3 ए.एस.एल.वी. और पी.एस.एल.वी. राकेटों की प्रथम उड़ानों के बारे में ऐसा ही हुआ था। असफलता के कारणों को ठीक से समझने के बाद ही सफलता हासिल हो सकती है। इस संदर्भ में हमें यह भी ध्यान में रखना चाहिए कि

इस नए शक्तिशाली राकेट के विकास में दस साल का लंबा समय लगा और पूरी जी.एस.एल.वी. योजना का खर्च करीब 1500 करोड़ रुपये बैठता है।

एक और बात को शुरू में ही जान लेना जरूरी है। इसके पहले के इसरो के एस.एल.वी.-3, ए.एस.एल.वी. और पी.एस.एल.वी. राकेट पूर्णतः स्वदेशी टेक्नालॉजी पर आधारित थे। परंतु जी.एस.एल.वी. राकेट इसका अपवाद है। जी.एस.एल.वी. के सबसे ऊपर के तीसरे खंड में रूस में निर्मित क्रायोजेनिक यानी निम्नतापी इंजन का प्रयोग हुआ है। यह इंजन विशेष रूप से भारत के लिए बनाया गया है। यह भी पता चला है कि इस रूसी क्रायोजेनिक इंजन का अंतरिक्ष की वास्तविक परिस्थितियों में पहली बार परीक्षण जी.एस.एल.वी. की इसी उड़ान में हुआ।

जी.एस.एल.वी. की प्रथम उड़ान कितनी सफल या कितनी विफल रही, यह जानने के लिए इस राकेट की रचना को ठीक से समझना जरूरी है। परंतु उसके भी पहले भूस्थिर कक्षा के महत्त्व को समझना आवश्यक है क्योंकि जी.एस.एल.वी. द्वारा अंतरिक्ष में छोड़े गए जीसैट उपग्रह को अंततः इसी कक्षा में स्थापित होना था।

भूस्थिर कक्षा

उपग्रह को जितनी ऊंचाई पर ले जाकर कक्षा में स्थापित किया जाएगा, उतनी ही उसकी कक्षा बड़ी होगी। उपग्रह धरातल से जितना ही अधिक ऊपर रहेगा उतना ही उसे पृथ्वी की परिक्रमा करने में अधिक समय लगेगा। करीब 1000 किलोमीटर की ऊंचाई पर स्थापित किया गया उपग्रह 105 मिनटों में पृथ्वी का एक चक्कर लगा

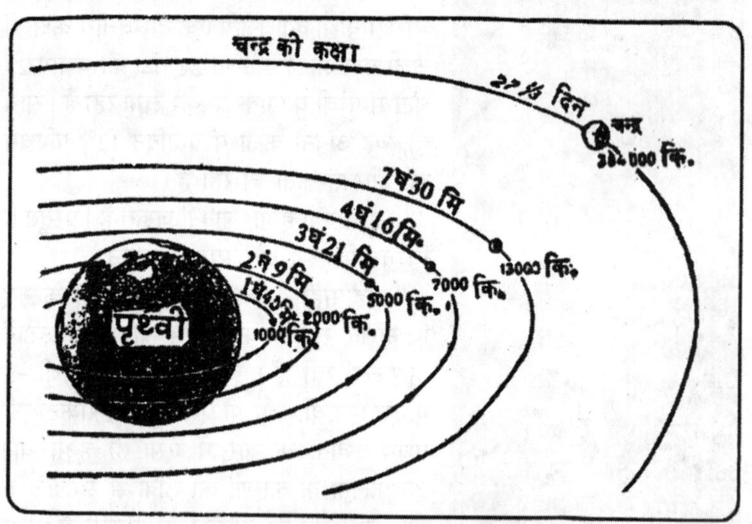

धरातल से उपग्रहों की औसत दूरियां और उनके परिक्रमा-काल

लेता है। उपग्रह को यदि धरातल से 13,000 किलोमीटर ऊपर की कक्षा में स्थापित किया गया है तो उसका परिक्रमा-काल 7 घंटे और 30 मिनट होगा। हमारा चंद्रमा भी एक उपग्रह ही है—निसर्ग-निर्मित उपग्रह। पृथ्वी से इसकी औसत दूरी 3,84,400 किलोमीटर है और यह करीब 27 दिन, 7 घंटे और 43 मिनटों में पृथ्वी की एक परिक्रमा पूरी कर लेता है। हम यह भी जानते हैं कि चंद्रमा लगभग इतने ही समय में अपनी धुरी पर एक चक्कर लगा लेता है और इसीलिए इसका केवल एक ही गोलार्ध पृथ्वी की ओर बना रहता है।

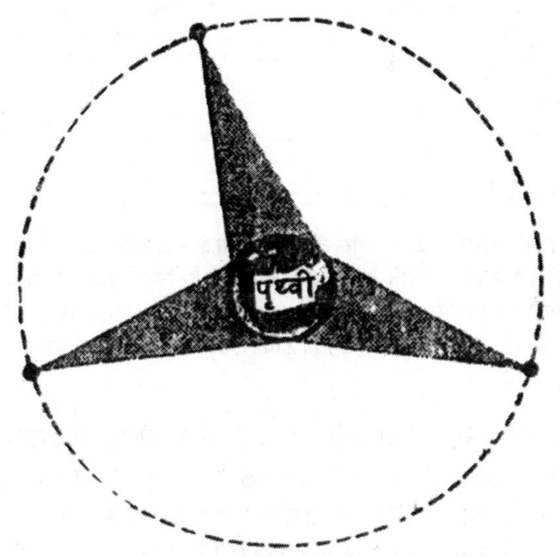

भूस्थिर कक्षा में स्थापित तीन सक्रिय उपग्रह सारे संसार को संचार-संबंध से बांधते हैं

ऊपर हमने देखा है कि धरातल से 13,000 किलोमीटर की ऊंचाई पर स्थापित उपग्रह का परिक्रमा-काल 7 घंटे 30 मिनट होता है और करीब 3,84,000 किलोमीटर की ऊंचाई पर पृथ्वी की परिक्रमा करने वाले उपग्रह (चंद्रमा) का परिक्रमा काल लगभग 27 दिन 8 घंटे (देखिए चित्र) है। अत: चंद्रमा से काफी कम ऊंचाई पर, किंतु 13,000 किलोमीटर से अधिक ऊंचाई पर एक ऐसी कक्षा अवश्य है, जिसमें स्थापित किया गया उपग्रह ठीक 24 घंटों में पृथ्वी की एक परिक्रमा पूरी कर लेगा। यह कक्षा धरातल से 35,800 (लगभग 36000) किलोमीटर ऊपर है।

हमारी पृथ्वी अपनी काल्पनिक धुरी पर 24 घंटों में एक परिक्रमा पूरी कर लेती है। अब कल्पना कीजिए कि पृथ्वी की भूमध्यरेखा के 36000 किलोमीटर

ऊपर एक उपग्रह स्थापित किया गया है। वह उपग्रह 24 घंटों में पृथ्वी की एक परिक्रमा पूरी करता है, इसलिए भूमध्यरेखा के किसी भी एक स्थान पर खड़ा व्यक्ति उस उपग्रह को आकाश में सदैव स्थिर ही देखेगा।

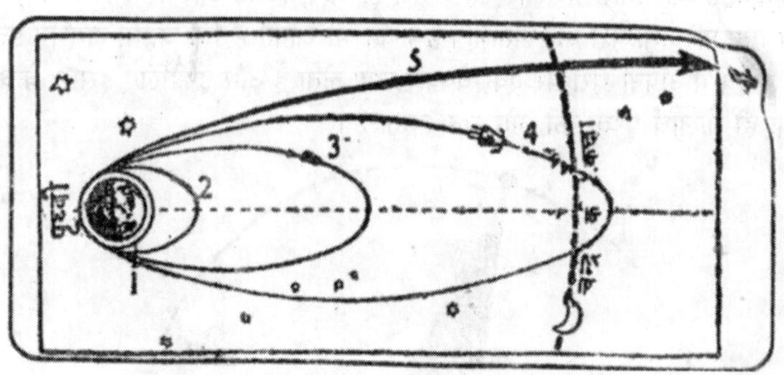

उपग्रह की दीर्घवृत्तीय कक्षा को अधिकाधिक अंडाकार बनाने के लिए आरंभिक वेग 8 किलोमीटर प्रति सेकंड से 11.2 किलोमीटर प्रति सेकंड तक बढ़ाना होता है। चित्र में दर्शाई गई कक्षाओं के प्रति सेकंड वेग हैं (1) 7.9 किलोमीटर (वृत्तीय कक्षा), (2) 10.0 किलोमीटर, (3) 10.8 किलोमीटर, (4) 11.1 किलोमीटर और (5) 11.2 किलोमीटर या इससे अधिक पलायन वेग और परवलीय कक्षा।

दरअसल, वह उपग्रह स्थिर नहीं होता। पृथ्वी के साथ हम इसके केंद्र की 24 घंटों में एक परिक्रमा पूरी करते हैं और वह उपग्रह भी पृथ्वी के केंद्र की 24 घंटों में ही एक परिक्रमा पूरी करता है, इसलिए वह हमें आकाश में स्थिर दिखाई देता है। वस्तुत: वह उपग्रह करीब 3 किलोमीटर प्रति सेकंड के वेग से पृथ्वी की परिक्रमा करता रहता है।

उपर्युक्त विवेचन से स्पष्ट है कि भूमध्यरेखा के करीब 36000 किलोमीटर ऊपर की कक्षा में स्थापित उपग्रह का पृथ्वी–परिक्रमा–काल और पृथ्वी का धुरी–भ्रमण–काल समान (24 घंटे) हैं, इसलिए ऐसी कक्षा को समकालिक (सिंक्रोनस) या भूस्थिर कक्षा कहते हैं। समकालिक कक्षा में स्थापित किए गए सक्रिय उपग्रह संचार के लिए बड़े उपयोगी सिद्ध हुए हैं। समकालिक कक्षा में तीन उपयुक्त स्थानों पर स्थापित किए गए तीन सक्रिय उपग्रहों से पूरे भूमंडल के साथ संचार–संबंध स्थापित किया जा सकता है। इसके अलावा, क्षेत्र–विशेष में एक समकालिक उपग्रह से पूरे 24 घंटों तक संचार–सेवा चालू रखी जा सकती है।

समकालिक या भूस्थिर कक्षा में संसार के अनेक देशों ने अपने–अपने संचार उपग्रह स्थापित किए हैं। अंतर्राष्ट्रीय दूरसंचार संगठन द्वारा प्रत्येक देश के लिए इस भूस्थिर कक्षा में स्थान तय कर दिए जाते हैं। भारत का पहला संचार उपग्रह एप्पल

पी.एस.एल.वी. (बाएं) तथा जी.एस.एल.वी. (दाएं) राकेट और उनके द्वारा प्रक्षेपित उपग्रहों की कक्षाएं (उनके ऊपर)

और उसके बाद के सभी इन्सैट उपग्रह 36000 किलोमीटर ऊपर की भूस्थिर कक्षा में ही स्थापित हुए हैं। जी.एस.एल.वी. राकेट से अंतरिक्ष में छोड़े गए जीसैट-1 संचार उपग्रह को भी इसी भूस्थिर कक्षा में 48 अंश पूर्वी देशांतर के ऊपर स्थापित होना था। प्रायोगिक स्तर के जीसैट-1 का भार 1504 किलोग्राम है, जबकि इन्सैट उपग्रह 2000 किलोग्राम से अधिक भार के हैं।

बहुखंडी राकेट

अब जी.एस.एल.वी. राकेट की रचना पर विचार कीजिए। साथ ही, पी.एस.एल.वी. के साथ इसकी तुलना भी आवश्यक है परंतु पहले यह समझ लेना उपयोगी होगा कि शक्तिशाली राकेट तीन या चार खंडों वाले क्यों बनाए जाते हैं।

राकेट की शक्ति और कार्य-कुशलता उसके इंजनों की क्षमता तथा उसमें प्रयुक्त होने वाले प्रणोदकों (ईंधनों) के गुणधर्मों पर निर्भर करती है। इंजन के तुंड से बाहर दौड़ने वाले गैस-जेट के वेग तथा इंजन की ठेल (थ्रस्ट) से राकेट की शक्ति निर्धारित होती है। इंजन की शक्ति और उसमें प्रयुक्त प्रणोदक द्वारा गैस-जेट का वेग निर्धारित हो जाए, तो फिर राकेट का महत्तम वेग केवल 'द्रव्यमान अनुपात' पर निर्भर करता है।

$$\text{द्रव्यमान अनुपात} = \frac{\text{ईंधन सहित संपूर्ण राकेट का द्रव्यमान}}{\text{ईंधन के अलावा शेष राकेट-यान का द्रव्यमान}}$$

राकेट का महत्तम वेग 'द्रव्यमान अनुपात' से तय होता है, इसलिए स्पष्ट है कि राकेट की टंकियों में जितना ही अधिक ईंधन भरा जाएगा उतना ही वह ईंधन के जल जाने पर, अधिक वेग प्राप्त करेगा परंतु राकेट में ईंधन भरे जाने की भी एक सीमा है।

आजकल के रासायनिक ईंधनों से इंजन के दहन-कक्ष से बाहर आने वाले गैस-जेट को 3 से 4.5 किलोमीटर प्रति सेकंड की गति दी जा सकती है। परंतु हम जानते हैं कि राकेट-यान को पृथ्वी की वृत्तीय कक्षा में स्थापित करने के लिए इसे लगभग 8 किलोमीटर प्रति सेकंड के वेग पर पहुंचाना होता है। एक खंड वाले राकेट से इतना वेग हासिल करना संभव नहीं है। एक खंड वाले राकेट को इतना वेग देना हो तो उसमें उसके संपूर्ण भार का करीब 95 प्रतिशत ईंधन (प्रणोदक) भरना होगा। तब उस राकेट-यान का द्रव्यमान अनुपात होगा 100 ÷ 5 = 20।

उड़ान के लिए सज्ज किसी राकेट में 95 टन प्रणोदक (ईंधन और आक्सीकर) भरा हो और उसके शेष अंगों (ढांचा, इंजन, टंकिया, उपग्रह आदि) का भार केवल 5 टन रहे, ऐसा राकेट बनाना कम-से-कम आज तो संभव नहीं है। तात्पर्य यह कि 20 'द्रव्यमान अनुपात' वाला एक खंडीय राकेट-यान नहीं बनाया जा सकता। जीसैट-1 उपग्रह को 10.2 किलोमीटर प्रति सेकंड का वेग प्रदान करके एक ऐसी दीर्घवृत्तीय कक्षा में छोड़ना था जिसका सर्वोच्च बिंदु धरातल से 36000 किलोमीटर ऊपर हो। यह काम एक खंड वाले राकेट के बस का नहीं है किंतु तीन या चार खंडों वाला राकेट यह काम कर सकता है।

राकेट धरती से ऊपर उठते समय पृथ्वी के गुरुत्वाकर्षण-बल तथा हवा के कर्षण के विरोध में कार्य करता है। अतः यह जितना ही अधिक हल्का होता जाएगा, उतना ही तेजी से आगे बढ़ेगा। जिन टंकियों का ईंधन खर्च हो चुका है, उन्हें ढोते जाने में कोई लाभ नहीं है। एक खंड वाले राकेट में यही करना पड़ता है किंतु राकेट यदि दो, तीन या चार खंडों का हो तो एक-एक करके पहले, दूसरे तथा तीसरे खंड को पीछे छोड़ा जा सकता है। इस तरह अंत में अधिक 'द्रव्यमान अनुपात' प्राप्त होगा। अधिक 'द्रव्यमान अनुपात' का अर्थ है—अधिक वेग।

राकेट-इंजन के दहन-कक्ष में जलने वाला ईंधन ठोस हो सकता है, द्रव रूप हो सकता है और गैसीय भी हो सकता है। पुराने जमाने के राकेटों में बारूद के चूर्ण का उपयोग होता था। ठोस ईंधन वाले ऐसे राकेटों की कठिनाई यह है कि एक बार सक्रिय हो जाने पर उन्हें बंद कर पाना सहज संभव नहीं है। इनके नियंत्रण में भी कई कठिनाइयां हैं। फिर भी ठोस ईंधन वाले राकेटों का काफी इस्तेमाल होता है। गैसीय ईंधन वाले राकेटों का भी इस्तेमाल हुआ है परंतु इस ईंधन के उपयोग के लिए बड़े राकेटों का निर्माण करना होता है। अधिक ऊंचाई तक पहुंचने के लिए द्रव ईंधन वाले राकेट ही ज्यादा सक्षम सिद्ध हुए हैं।

द्रव इंजन वाले राकेटों में अल्कोहल, केरोसीन, पेट्रोल तथा द्रव हाइड्रोजन जैसे ईंधनों का इस्तेमाल होता है। राकेट-खंड के एक हिस्से में इनमें से किसी एक ईंधन की टंकी रहती है और दूसरे हिस्से में आक्सीकर (द्रव आक्सीजन) की। ये दो द्रव जब राकेट के दहन-कक्ष में पहुंचते हैं तो स्वयं प्रज्वलित होते हैं या प्रज्वलित किए जाते हैं। इनके जलने से दहन-कक्ष में जो गैसें पैदा होती हैं वे राकेट-इंजन की पेंदी के तुंड में से तीव्र वेग से जेट के रूप में बाहर दौड़ती हैं और उनकी ठेल से राकेट आगे बढ़ता है।

जी.एस.एल.वी. की संरचना

जी.एस.एल.वी. के पहले पी.एस.एल.वी. की संरचना पर एक नजर डालना जरूरी है। जी.एस.एल.वी. मिशन के निदेशक आर.वी. पेरुमल ने भी कहा है कि जी.एस.एल.वी. वस्तुतः पी.एस.एल.वी. पर ही आधारित है। पी.एस.एल.वी. (ध्रुवीय उपग्रह प्रक्षेपण यान) की पिछली सफल उड़ान श्रीहरिकोटा से मई 1999 में हुई थी। इस राकेट ने कुल 1200 किलोग्राम भार के तीन उपग्रहों को, जिनमें दो विदेशों के थे, 817 किलोमीटर ऊपर की ध्रुवीय कक्षा में स्थापित कर दिया, यानी ये उपग्रह दोनों ध्रुवों के ऊपर से गुजरने वाली कक्षा में परिक्रमा करते हैं।

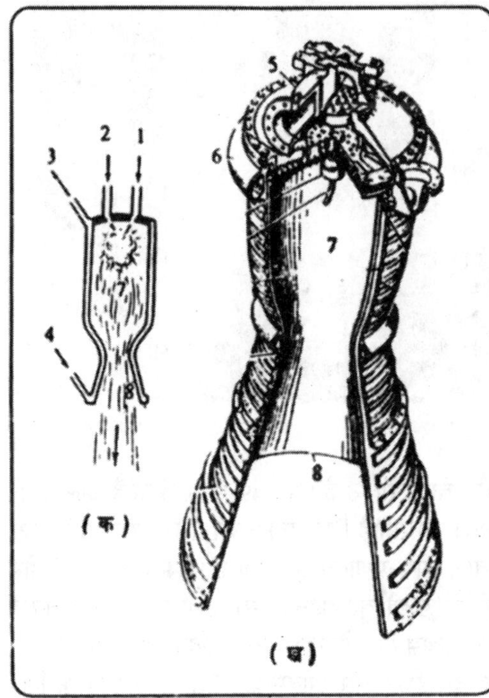

द्रव प्रणोदक राकेट-इंजन के दहन-कक्ष का आयोजन (क) और काट (ख) (1) आक्सीकर का संभरण, (2) ईंधन का संभरण, (3) शीतक का निर्गमन, (4) शीतक का संभरण, (5) द्रव आक्सीकर का संभरण, (6) द्रव ईंधन के संभरण की नलिका, (7) दहन-कक्ष, और (8) जेटल नोजल

पी.एस.एल.वी. करीब 44 मीटर ऊंचा चार खंडों वाला राकेट है। उड़ान के समय ईंधन (प्रणोदक) सहित इस राकेट का भार 300 टन के आसपास रहता है।

इसके प्रथम खंड का व्यास 2.8 मीटर है और इसमें करीब 135 टन ठोस प्रणोदक भरा जाता है। साथ ही, इस प्रथम खंड के साथ ठोस प्रणोदक वाले छह बूस्टर-राकेट जोड़े जाते हैं। पी.एस.एल.वी. के दूसरे खंड में भारत में निर्मित द्रव प्रणोदक वाले विकास नामक इंजन का प्रयोग होता है। इस दूसरे खंड का व्यास 2.8 मीटर है और इसमें 40.6 टन प्रणोदक भरा जाता है। तीसरा खंड करीब 7 टन ठोस प्रणोदक की मोटर का है और चौथा खंड पुनः दो टन द्रव प्रणोदक के इंजन का है।

एस एल वी – 3 *ए एस एल वी* *पी एस एल वी* *जी एस एल वी*

जी.एस.एल.वी. तीन खंडों वाला राकेट है। यह 49 मीटर ऊंचा है और उड़ान के समय इसका समूचा भार 401 टन रहा है। इस राकेट का प्रथम खंड 20.3 मीटर लंबे और 2.8 मीटर व्यास वाले ठोस प्रणोदक से बना है। इसमें 129 टन ठोस प्रणोदक (हाइड्रोक्सिल टर्मिनेटेड पोली बुटेडाइन) भरा जाता है और यह करीब 100 सेकंड तक जलता है। इसी प्रथम खंड के साथ द्रव प्रणोदक वाले चार बूस्टर-राकेट जोड़े गए हैं। प्रत्येक में द्रव ईंधन और आक्सीकर (कुल 40 टन) के लिए पृथक् टंकियों की व्यवस्था है।

जी.एस.एल.वी. का दूसरा खंड द्रव प्रणोदक वाले विकास इंजन का है। 11.6 मीटर ऊंचे और 2.8 मीटर व्यास वाले इस दूसरे खंड में 37.5 टन द्रव ईंधन दो

पृथक् टंकियों में भरा रहता है। प्रथम खंड के चार बूस्टरों में और दूसरे खंड में जो द्रव इंजन हैं वे टर्बो-पंप वाले हैं। प्रथम खंड के चार बूस्टर करीब 160 सेकंड तक जलते हैं, जबकि दूसरा खंड, कुछ कम ईंधन होने के कारण करीब 150 सेकंड तक जलता है।

जी.एस.एल.वी. के तीसरे खंड में रूस से प्राप्त क्रायोजेनिक इंजन का इस्तेमाल किया गया है। ईंधन के रूप में द्रव हाइड्रोजन का और आक्सीकर के रूप में द्रव आक्सीजन का उपयोग करने वाला यह खंड 8.7 मीटर लंबा और 2.9 मीटर व्यास का है। द्रव हाइड्रोजन और द्रव आक्सीजन के लिए अलग-अलग टंकिया हैं। इस तीसरे खंड में कुल प्रणोदक 12.5 टन है और यह 750 सेकंड तक जलता है।

इसरो द्वारा विकसित इसी जी.एस.एल.वी. राकेट में पहली बार रूस में बने क्रायोजेनिक इंजन (खंड) का उपयोग किया गया है। क्रायोजेनिक इंजन ठोस ईंधन वाले इंजन से या अन्य किस्म के सामान्य द्रव इंजन से अधिक कार्यक्षम होता है, अधिक ठेल पैदा करता है। मगर तकनीकी दृष्टि से क्रायोजेनिक इंजन काफी ज़टिल होता है। क्योंकि इसमें अतिनिम्न तापमान वाले प्रणोदकों का इस्तेमाल होता है। क्रायोजेनिक इंजन में इस्तेमाल होने वाले द्रव हाइड्रोजन का तापमान शून्य के नीचे 265 डिग्री सेल्सियस रहता है और द्रव आक्सीजन का शून्य के नीचे 240 डिग्री सेल्सियस। इन प्रणोदकों को इंजन में पंप करने के लिए 42,000 चक्कर प्रति-मिनट की रफ्तार से घूमने वाले टर्बो-पंपों का उपयोग होता है। क्रायोजेनिक प्रणोदकों के निर्माण और इनके उपयोग से जुड़ी और भी कई कठिनाइयां हैं।

जी.एस.एल.वी. की बुनियादी रचना को जानने के बाद अब हम देखेंगे कि इस राकेट की प्रथम विकासात्मक उड़ान कैसी रही।

जी.एस.एल.वी. की सत्रह मिनट की उड़ान

वस्तुतः श्रीहरिकोटा से जी.एस.एल.वी. की प्रथम विकासात्मक उड़ान का आयोजन दो बार हुआ—पहली बार 28 मार्च को और दूसरी बार 18 अप्रैल को। पहली उड़ान विफल रही। उस उड़ान के लिए आदेश दिए जाने के बाद जी.एस.एल.वी. के प्रथम खंड की ठोस ईंधन वाली मुख्य मोटर के साथ जोड़े गए द्रव इंजन वाले चार बूस्टर-राकेट प्रज्वलित हो उठे थे। उन्हें 4.6 सेकंड तक जलते रहकर आवश्यक ठेल पैदा करनी थी। उसके बाद ही ठोस ईंधन की मोटर वाला प्रथम खंड प्रज्वलित होता और राकेट अपने मंच से ऊपर उठने लगता परंतु राकेट के ऊपर उठने के एक सेकंड पहले तक बूस्टर राकेट आवश्यक ठेल पैदा

नहीं कर पाए तो पूर्व निर्धारित प्रोग्राम के अनुसार उनके इंजन अपने आप बंद हो गए। उड़ान स्थगित हो गई।

जांच से पता चला कि प्रथम खंड के साथ जोड़े गए द्रव इंजन वाले चार बूस्टर-राकेटों में से एक के पंप ने ठीक से काम नहीं किया। फलतः बूस्टर-राकेट आवश्यक ठेल पैदा नहीं कर पाए और उनके इंजन स्वयमेव रुक गए। आगे प्रथम खंड की ठोस ईंधन वाली मोटर भी प्रज्वलित नहीं हुई। राकेट अपने स्थान पर टिका रह गया।

प्रथम खंड के द्रव ईंधन वाले चार बूस्टर-राकेटों को पहले प्रज्वलित करना और आवश्यक ठेल पैदा न होने पर सिर्फ एक सेकंड पहले उनके अपने-आप बंद हो जाने की व्यवस्था करना इसरो के इंजीनियरों की एक बहुत बड़ी उपलब्धि है। पीछे हमने देखा है कि द्रव प्रणोदक वाले इंजन के साथ यह सुविधा है कि उसे जब चाहे बंद किया जा सकता है। ठोस प्रणोदक वाली मोटर के साथ ऐसा संभव नहीं है। जी.एस.एल.वी. के प्रथम खंड के बूस्टर-राकेटों को सबसे पहले प्रज्वलित करने की योजना कारगर सिद्ध हुई। राकेट नष्ट होने से बच गया। राकेट से प्रणोदक बाहर निकाले गए, बूस्टर-राकेट को बदला गया और पुनः प्रणोदक भरे गए। तीन सप्ताह बाद जी.एस.एल.वी. राकेट पुनः उड़ान के लिए तैयार हो गया।

श्रीहरिकोटा से जी.एस.एल.वी. की अगली उड़ान 18 अप्रैल, 2001 को संपन्न हुई। पहले की तरह इस बार भी सर्वप्रथम बूस्टर-राकेटों को प्रज्वलन के आदेश दिए गए (प्रत्येक बूस्टर में 40 टन द्रव प्रणोदक भरा हुआ था)। उन्होंने मंच पर ही 4.6 सेकंड तक चालू रहकर आवश्यक ठेल पैदा कर दी, तो इसरो के इंजीनियरों ने राहत की सांस ली। उसके बाद उड़ान का पूर्व-निर्धारित स्वचलित सिलसिला शुरू हो गया। मंच से ऊपर उठने के एक सेकंड पहले राकेट को बंधन-प्रणाली से मुक्त किया गया। तदनंतर प्रथम खंड की 125 टन ठोस प्रणोदक वाली विशाल मोटर प्रज्वलित हो उठी और धुएं का अंबार पीछे छोड़ते हुए जोरदार गर्जना के साथ जी.एस.एल.वी. राकेट अपराह्न में आकाश में ऊपर उठने लगा।

प्रथम खंड की ठोस ईंधन वाली मोटर पूरे 100 सेकंड तक जलती रही परंतु उसके साथ जुड़े हुए द्रव प्रणोदक वाले चार बूस्टर-राकेट 162 सेकंड तक चालू रहकर राकेट को ऊपर ठेलते रहे। राकेट ने 75 किलोमीटर ऊपर पहुंचकर 2.63 किलोमीटर प्रतिसेकंड का वेग प्राप्त किया। प्रथम खंड राकेट से पृथक् हो गया। योजना के अनुसार, प्रथम खंड के जल जाने के 1.6 सेकंड पहले ही दूसरे खंड का इंजन शुरू हो गया। तब 147 सेकंड की आगे की यात्रा के बाद राकेट 126

किलोमीटर ऊपर पहुंच गया और उसने 5.18 किलोमीटर प्रति सेकंड का वेग प्राप्त किया।

धरातल से ऊपर उठने के 314 सेकंड बाद राकेट का दूसरा खंड उससे अलग हो गया। तदनंतर तीसरे खंड का क्रायोजेनिक इंजन शुरू हुआ। रूस से खरीदे गए इस इंजन का अंतरिक्ष में यह पहली बार परीक्षण हो रहा था। इसमें 12.5 टन प्रणोदक (द्रव हाइड्रोजन और द्रव आक्सीजन) भरा हुआ था। इस तीसरे खंड ने 693 सेकंड तक जलते रहकर राकेट और उपग्रह को धरातल से 181 किलोमीटर की ऊंचाई तक पहुंचा दिया। आगे की दीर्घवृत्तीय यात्रा के दौरान राकेटयान जब धरातल से 5000 किलोमीटर ऊपर पहुंच गया, तब तीसरा खंड उससे अलग हो गया। अब रह गया केवल जीसैट उपग्रह, जिसे जी.एस.एल.वी. राकेट ने मंच से उठने के कुल 17 मिनट बाद एक ऐसी दीर्घवृत्तीय कक्षा में स्थापित कर दिया जिसका निम्नोच्च बिंदु धरातल से 181 किलोमीटर ऊपर था और सर्वोच्च बिंदु 32,051 किलोमीटर ऊपर। उपग्रह की वह कक्षा भूमध्यरेखा के साथ 19.2 अंशों का कोण बना रही थी।

जीसैट – 1 उपग्रह

राकेट का काम पूरा हो गया था। उसने उपग्रह को भूस्थिर स्थानांतर कक्षा (जिओसिंक्रोनस ट्रांसफर आर्बिट) में छोड़ दिया था परंतु लगता है कि राकेट के निर्धारित लक्ष्य में कुछ त्रुटि रह गई। वस्तुत: क्रायो-जेनिक इंजन द्वारा जीसैट को 10.2 किलोमीटर प्रति सेकंड के वेग से भूस्थिर स्थानांतर कक्षा में छोड़ना चाहिए था, परंतु उसमें 0.6 प्रतिशत की अर्थात् करीब 70 मीटर प्रति सेकंड वेग की कमी रह गई। फलस्वरूप, उपग्रह की कक्षा का निम्नोच्च बिंदु धरातल से 180 किलोमीटर की बजाय 181 किलोमीटर ऊपर और सर्वोच्च बिंदु 35,975 किलोमीटर (675 किलोमीटर कम या ज्यादा) की बजाय 32,051 किलोमीटर ऊपर रह गया। अन्य शब्दों में, सर्वोच्च बिंदु की ऊंचाई में करीब 3900 किलोमीटर की कमी रह गई।

फिलहाल यकीन के साथ नहीं बताया जा सकता कि ऐसा किस कारण से हुआ। विक्रम साराभाई अंतरिक्ष केंद्र (तिरुवनंतपुरम) के उपनिदेशक डॉ. बी.एन. सुरेश का मत है कि तीसरे खंड के क्रायोजेनिक इंजन के संचालन में थोड़ी त्रुटि रहने के कारण ऐसा हुआ है।

जो भी हो, उपग्रह को आगे भूस्थिर कक्षा में पहुंचाना था। इस कार्य के लिए उसमें एक ठेल राकेट-मोटर और 10 किलोग्राम द्रव ईंधन की व्यवस्था की गई थी। उस मोटर का उपयोग करते हुए आगे के चार दिनों में हासन के मुख्य नियंत्रण कक्ष से आदेश देकर उपग्रह को भूस्थिर कक्षा के काफी नजदीक पहुंचा दिया गया। उस कक्षा का सर्वोच्च बिंदु 35,665 किलोमीटर ऊपर, निम्नोच्च बिंदु 33,806 किलोमीटर ऊपर और भूमध्यरेखा के साथ उसका झुकाव 0.997 अंश था।

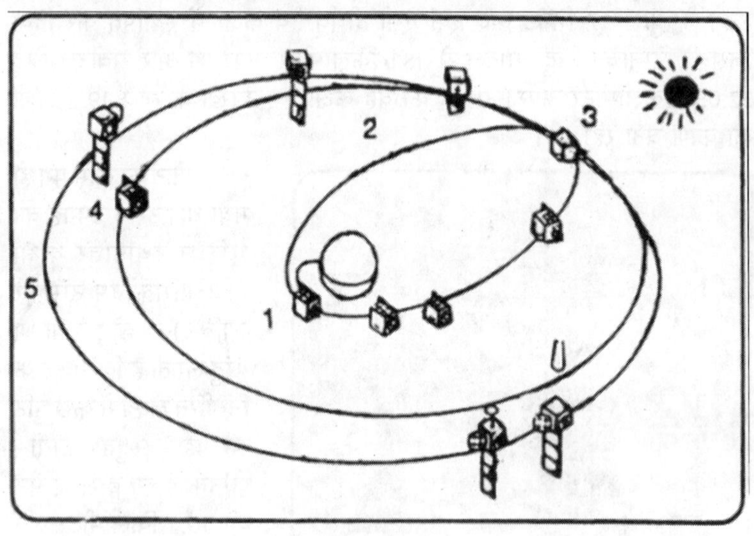

जी.एस.एल.वी. जी-सैट की उड़ान का क्रमिक सिलसिला : (1) दीर्घवृत्तीय कक्षा में प्रक्षेपण, (2) उपग्रह भूस्थिर हस्तांतर कक्षा में पहुंचा, (3) उपग्रह की सर्वोच्च-बिंदु (एपोजी) मोटर दागी गई, (4) उपग्रह 23 घंटों वाली कक्षा में चला गया, (5) 24 घंटों वाली भूस्थिर कक्षा

तभी एक नई समस्या पैदा हो गई। उपग्रह की जिन दो टंकियों में द्रव ईंधन रखा गया था उनमें से एक भारत में बनी थी और दूसरी जर्मनी में। उनमें से एक टंकी से राकेट-मोटर में द्रव ईंधन का बहाव ज्यादा वेग से और दूसरी टंकी से कम वेग से हुआ। फलस्वरूप, एक टंकी से राकेट-मोटर में द्रव ईंधन जल्दी

खाली हो गई और उससे उपग्रह का गुरुत्व-केंद्र विचलित हो गया। उपग्रह को सही दिशा में रखने के लिए ठेल-राकेट को लगातार दागना पड़ा जिससे ईंधन समाप्त हो गया।

उपग्रह को भूस्थिर कक्षा में सुस्थिर रखने के लिए उसके साथ 'न्यूटन' नामक 22 छोटे ठेल-राकेट जोड़े गए थे। हासन के इंजीनियरों ने उनमें से चार राकेटों को लगातार 85 मिनट तक दागकर उपग्रह को भूस्थिर कक्षा में पहुंचा देने की कोशिश की। लेकिन उसमें उन्हें पूरी सफलता नहीं मिली। उपग्रह निम्नोच्च बिंदु 35,000 किलोमीटर और सर्वोच्च बिंदु 36000 किलोमीटर वाली कक्षा में ही पहुंच पाया और 24 घंटों की बजाय 23 घंटों में पृथ्वी की एक परिक्रमा पूरी कर रहा है। जीसैट उपग्रह भूस्थिर कक्षा में 48 अंश पूर्वी देशांतर के अपने निर्धारित स्थान पर पहुंचकर स्थिर नहीं हो पाया। उपग्रह अच्छी स्थिति में है, मगर थोड़े समय के लिए उसका प्रायोगिक उपयोग तभी हो सकेगा जब वह हासन के नियंत्रण केंद्र के दृश्य-दायरे में रहेगा। मई में 15 से 27 तारीख तक और फिर जून में 11 तारीख से आगे के करीब 15 दिनों तक जीसैट हासन केंद्र के दृश्य-दायरे में आ गया था। तब इसके साथ संचार संबंध स्थापित करके कई परीक्षण किए गए।

जी.एस.एल.वी. के विकास में सबसे महत्त्वपूर्ण भूमिका क्रायोजेनिक इंजन की रही है। यह इंजन और इसकी टेक्नालॉजी प्राप्त करने के लिए 1991 में सोवियत संघ के साथ इसरो का करार हुआ था परंतु बाद में अमेरिका के दबाव में आकर रूस ने भारत को क्रायोजेनिक इंजन की टेक्नालॉजी सौंपने से इनकार कर दिया। रूस से कुल सात क्रायोजेनिक इंजन प्राप्त होने हैं, जिनमें से चार मिल गए हैं। जी.एस.एल.वी. की आगे की उड़ानों में इनका उपयोग होगा।

क्रायोजेनिक इंजन अब भारत में भी विकसित किए जा रहे हैं। मगर जी.एस.एल.वी. में स्वदेशी क्रायोजेनिक इंजन का उपयोग होने में अभी कई वर्ष लग सकते हैं।

पूर्णतः स्वदेशी पी.एस.एल.वी. राकेट ने अपनी कार्यकुशलता सिद्ध कर दी है। यह राकेट करीब 1000 किलोग्राम भार के उपग्रह को करीब 1000 किलोमीटर ऊपर की ध्रुवीय कक्षा में स्थापित कर देने में समर्थ है। इसी साल होने वाले अपने अगले प्रक्षेपण में यह राकेट एक साथ तीन उपग्रहों-जर्मनी के 'बर्ड', बेल्जियम के 'फोबा' और भारत के 'टेस'—को ध्रुवीय कक्षा में पहुंचा देगा। पी.एस.एल.वी. राकेट से एक मौसमी उपग्रह (मेटसैट) को भूस्थिर कक्षा में भेजने की योजना भी इसरो ने बनाई।

भारतीय अंतरिक्ष कार्यक्रम की विशिष्ट उपलब्धियां

दिनांक	उपग्रह	प्रक्षेपण यान
21 नवंबर, 1963	–	नाइक अपाचे (अमेरिका)
29 फरवरी, 1969	–	आरएच–75 (भारत : 10 किलो)
19 अप्रैल, 1975	आर्यभट	कॉसमॉस (सो. सं.)
7 जून, 1997	भास्कर	कॉसमॉस (सो. स.)
10 अगस्त, 1979	रोहिणी	एस.एल.वी.–3
18 जुलाई, 1980	रोहिणी	एस.एल.वी.–3
31 मई, 1981	रोहिणी	एस.एल.वी.–3
19 जून, 1981	एप्पल	एरियनी (यू.अं.ए.)
20 नवंबर, 1981	भास्कर–2	कॉसमॉस
10 अप्रैल, 1982	इन्सैट–1 ए	डेल्टा (अमेरिका)
17 अप्रैल, 1983	रोहिणी	एस.एल.वी.–3
30 अगस्त, 1983	इन्सैट–1बी	अंतरिक्ष शटल (अमे.)
24 मार्च, 1987	स्रोस ए	ए.एस.एल.वी.–डी 1
17 मार्च, 1988	आई.आर.एस.–1ए	वोस्तोक (सोवियत संघ)
13 जुलाई, 1988	स्रोस बी	ए.एस.एल.वी.–डी 2
22 जुलाई, 1988	इन्सैट – 1सी	एरियनी
12 जून, 1990	इन्सैट – 1डी	डेल्टा
29 अगस्त, 1991	आई.आर.एस.–1बी	वोस्तोक
20 मई, 1992	स्रोस सी	ए.एस.एल.वी.–डी 3
10 जुलाई, 1992	इन्सैट – 2ए	एरियनी
23 जुलाई, 1993	इन्सैट – 2बी	एरियनी
20 सितंबर, 1993	आई.आर.एस.–1 ई	पी.एस.एल.वी.–डी 1
4 मई, 1994	स्रोस	ए.एस.एल.वी.–डी 4
15 अक्तूबर, 1994	आई.आर.एस–पी 2	पी.एस.एल.वी.–डी 2
7 दिसंबर, 1995	इन्सैट–2सी	एरियनी
28 दिसंबर, 1995	आई.आर.एस.–1सी	मोल्निया (रूस)
21 मार्च, 1996	आई.आर.एस.–पी 3	पी.एस.एल.वी.–डी 3
4 जून, 1997	इन्सैट – 2डी	एरियनी
29 सितंबर, 1997	आई.आर.एस.–1डी	पी.एस.एल.वी.–सी 1
2 अप्रैल, 1999	इन्सैट – 2ई	एरियनी
26 मई, 1999	आई.आर.एस.–पी 4 टबसैट, किटसैट	पी.एस.एल.वी.–सी 2
22 मार्च, 2000	इन्सैट–3बी	एरियनी–5
18 अप्रैल, 2001	जीसैट–1	जी.एस.एल.वी.–डी 1

हमारा नया शक्तिशाली राकेट—ए.एस.एल.वी.

राकेट टेक्नालॉजी के मामले में भारत अब एक नई मंजिल तय करने वाला है। हमारे अंतरिक्ष विभाग के वैज्ञानिकों ने एक नया शक्तिशाली राकेट बना लिया है। इसी महीने के अंतिम दिनों में आंध्र प्रदेश के श्रीहरिकोटा द्वीप के राष्ट्रीय अंतरिक्ष अड्डे से इस नए राकेट को छोड़ने का प्रोग्राम बना है। नए राकेट का नाम है ऑग्मेंटेड सैटेलाइट लांच वेहिकल (एम.एस.एल.वी.) यानी 'संवर्द्धित उपग्रह वाहक यान'।

भारत का संवर्द्धित उपग्रह प्रक्षेपण वाहक (ए. एस. एल. वी.), जो 24 मार्च को श्री हरिकोटा केन्द्र से छोड़ा जाएगा। यह भारत के पहले उपग्रह प्रक्षेपण वाहक एस. एल. वी.-3 का संवर्द्धित रूप है। यह वाहक अपने साथ अन्तरिक्ष में छोड़ने के लिए (स्ट्रेच्ड, रोहिणी सेटेलाइट सिस्टम या 'स्रोस' (विस्तारित रोहिणी उपग्रह प्रणाली) लेकर जाएगा। इसके बाद 1989 में इससे भी अधिक वजन लेकर जाने वाला वाहक पी. एस. एल. वी. छोड़ने की तैयारी की जा रही है।

शक्तिशाली राकेट का विकास करना बड़ा कठिन और खर्चीला काम होता है। चूंकि शक्तिशाली राकेट शक्तिशाली प्रक्षेपास्त्र भी बन सकता है, इसलिए आमतौर पर राकेटों को विकसित करने में दूसरे देशों से कोई मदद नहीं मिलती। यही कारण है कि अब तक दुनिया के केवल सात देश ऐसे राकेट बना पाए हैं, जिनसे उपग्रहों को अंतरिक्ष में छोड़ा जा सकता हो। इनमें भारत भी एक है, जो कि हमारे लिए गर्व की बात है।

महत्त्व की बात यह है कि भारत ने राकेट टेक्नालॉजी के क्षेत्र में यह सारी प्रगति केवल दो दशकों में की है।

सोवियत संघ ने 4 अक्तूबर, 1957 को एक शक्तिशाली राकेट के जरिए जब अपना पहला 'स्पूतनिक' उपग्रह अंतरिक्ष में भेजा था, तब भारत के पास अपना कोई छोटा राकेट भी नहीं था। धरती का पहला मानव-अंतरिक्षयात्री यूरी गगारिन 12 अप्रैल, 1961 को अंतरिक्ष में पहुंचा। उसके बाद ही भारत में अंतरिक्ष अनुसंधान का कार्यक्रम बना। त्रिवेंद्रम के पास थुंबा राकेट केंद्र की स्थापना 1962 में हुई थी।

थुंबा के इस अंतरिक्ष केंद्र से आरंभ में जो छोटे राकेट वायुमंडल में छोड़े गए, वे हमें विदेशों से प्राप्त हुए थे फिर त्रिवेंद्रम के पास ही भारतीय राकेटों के निर्माण के लिए एक नया केंद्र बना। आज इसका नाम है—विक्रम साराभाई अंतरिक्ष केंद्र। पहले यहां छोटे-छोटे राकेट बने, फिर 'रोहिणी' और 'मेनका' नाम के बड़े राकेट भी बनने लगे। भारत में बने प्रथम राकेट का सफल परीक्षण थुंबा अंतरिक्ष केंद्र से 23 जनवरी, 1969 को हुआ था।

भारत का वह पहला राकेट केवल 10 किलोग्राम भार का था और मुश्किल से 4.2 किलोमीटर की ऊंचाई तक पहुंच पाया था लेकिन आगे के करीब दस वर्षों में ही भारतीय वैज्ञानिकों ने एक ऐसे शक्तिशाली राकेट का विकास कर लिया, जो एक छोटा उपग्रह अंतरिक्ष में स्थापित कर सके। यह था हमारा 'एस.एल.वी.-3' (सैटेलाइट लांच वेहिकल), यानी 'उपग्रह वाहक यान'। श्रीहरिकोटा के अंतरिक्ष अड्डे से इस एस.एल.वी.-3 राकेट का सफल परीक्षण 18 जुलाई, 1980 को किया गया था। इस राकेट के जरिए 40 किलोग्राम भार का 'रोहिणी' उपग्रह अंतरिक्ष में छोड़ा गया था। इस सफल परीक्षण के साथ भारत राकेट टेक्नालॉजी के मामले में दुनिया का एक अग्रगण्य देश बन गया।

अब भारत ने एक अधिक शक्तिशाली राकेट बना लिया है। चूंकि यह नया ए.एस.एल.वी. राकेट एस.एल.वी.-3 पर ही आधारित है, इसलिए एस.एल.वी.-3 की रचना को समझ लेना जरूरी है।

एस.एल.वी.-3 चार खंडों वाला राकेट है। करीब 23 मीटर ऊंचे इस राकेट का कुल भार 17 टन है। इसके निचले खंड के खोल का व्यास एक मीटर है और ऊपरी खंड के खोल का व्यास 60 सेंटीमीटर। इसके चारों खंडों में ठोस प्रणोदक (यानी ईंधन) भरा जाता है। भारतीय वैज्ञानिकों ने अपने बलबूते पर ही इस विशिष्ट प्रणोदक का विकास किया है। कुल मिलाकर करीब एक लाख कल-पुर्जों का इस्तेमाल एस.एल.वी.-3 में हुआ है। यह राकेट लगभग 40 किलोग्राम भार के रोहिणी उपग्रह को धरातल से करीब 300 किलोमीटर ऊपर की कक्षा में स्थापित कर देने में सफल हुआ है।

श्रीहरिकोटा के अंतरिक्ष अड्डे के लांच-पैड पर अब जिस नए एस.एल.वी. राकेट को प्रथम परीक्षण के लिए खड़ा किया गया है, वह काफी हद तक

एस.एल.वी.-3 जैसा ही है। इस नए राकेट में भी चार खंड हैं। चारों खंडों में ठोस ईंधन भरा गया है। इसकी भी ऊंचाई 23 मीटर है। लेकिन इसमें एक नई बात यह है कि इसके निचले खंड के साथ इसी प्रकार के दो और खंड जोड़ दिए गए हैं। इन अतिरिक्त राकेट खंडों को 'बूस्टर' कहते हैं। बूस्टरों से राकेट की शक्ति बढ़ जाती है। ऐसा राकेट अधिक भार वाले उपग्रह को अधिक ऊंचाई तक पहुंचा देता है। दो बूस्टर जोड़ने के कारण नए राकेट का भार अब 40 टन है।

हमारा यह नया ए.एस.एल.वी. राकेट 150 किलोग्राम भार के उपग्रह को धरातल से 400 किलोमीटर की ऊंचाई पर ले जाकर कक्षा में छोड़ सकेगा। एस.एल.वी.-3 से जिस उपग्रह को अंतरिक्ष में छोड़ा गया था, उसका नाम था 'रोहिणी'। श्रीकृष्ण के जन्म-नक्षत्र के नाम पर उसे यह नाम दिया गया था।

लेकिन अब 150 किलोग्राम भार के जिस उपग्रह को ए.एस.एल.वी. के द्वारा अंतरिक्ष में छोड़ा जाएगा, उसका नाम है—स्ट्रेच्ड रोहिणी सैटेलाइट सीरीज-1 (संक्षेप में, स्रोस-1) यानी 'विस्तारित रोहिणी उपग्रह शृंखला-1'।

हमारे अंतरिक्ष विभाग के वैज्ञानिकों ने राकेटों और उपग्रहों के विकास में निश्चय ही विशिष्ट योग्यता का परिचय दिया है परंतु कहना पड़ेगा कि उनके नामकरण में उन्होंने उतनी सूझ-बूझ से काम नहीं लिया है। पाश्चात्य देशों ने अपने राकेटों और अंतरिक्ष यानों को सैटर्न, टाइटन, अपोलो, एरियनी आदि पौराणिक नाम दिए हैं लेकिन भारतीय वैज्ञानिकों ने इस मामले में काफी खिचड़ी पकाई है। कुछ भारतीय उपग्रहों को आर्यभट, भास्कर और रोहिणी जैसे ऐतिहासिक पौराणिक नाम दिए गए तो कुछ को एप्पल, इन्सैट और स्रोस जैसे अंग्रेजी नाम भी दिए गए। भारत द्वारा पूर्णतः अपने बल पर विकसित किए गए राकेटों के नाम भारतीय ही होने चाहिए थे। भारतीय भाषाओं में एस.एल.वी.-3 और ए.एस.एल.वी. जैसे नामों के इस्तेमाल की कठिनाइयां स्पष्ट हैं। जनता की गाढ़ी कमाई से किए जाने वाले अंतरिक्ष अनुसंधान के इन साधनों के नाम ऐसे तो हों, जिन्हें भारतवासी सहज रूप से उच्चारण कर सकें और उनके साथ मानसिक तादात्म्य जोड़ सकें। ए.एस.एल.वी. के विकास में करीब बीस करोड़ रुपये खर्च हुए हैं।

मुसीबत तो यह है कि आगे विकसित किए जाने वाले भारतीय राकेटों और उपग्रहों के नाम अब अंग्रेजी में ही रहेंगे। इन्सैट उपग्रह एक अमरीकी कंपनी को पैसा देकर बनवाया गया है। पर वह विदेशी नाम अब आगे हमारे सभी संचार उपग्रहों के साथ कायमी तौर पर जुड़ गया है। आगे के अधिक शक्तिशाली भारतीय राकेटों के नाम भी अब अंग्रेजी में ही रहेंगे। यह बड़ी ही दुखदायी स्थिति है।

हां, अब राकेटों की बात पर लौटें। भारत में अब ऐसा भी एक शक्तिशाली राकेट विकासाधीन है, जो एक बड़े उपग्रह को काफी अधिक ऊंचाई वाली कक्षा में छोड़ने में समर्थ होगा। इस राकेट का प्रथम परीक्षण दो ही साल बाद होने वाला है, इसलिए उसके बारे में भी कुछ बातें जान लेना उपयोगी होगा।

इस विकासाधीन राकेट का नाम है–पोलर सैटेलाइट लॉच वेहिकल (पी.एस.एल.वी.) यानी 'ध्रुवीय उपग्रह वाहक यान' इस राकेट से छोड़ा गया उपग्रह दोनों ध्रुवों के ऊपर से गुजरता हुआ पृथ्वी के चक्कर लगाएगा, इसलिए उसके प्रक्षेपक राकेट को यह नाम दिया गया है। पी.एस.एल.वी. 1000 किलोग्राम भार के उपग्रह को करीब 1000 किलोमीटर ऊपर की ध्रुवीय कक्षा में स्थापित कर सकेगा।

ए.एस.एल.वी.राकेट के निचले खंड के साथ दो बूस्टर जोड़े गए हैं जबकि पी.एस.एल.वी. के निचले खंड के साथ छह बूस्टर जुड़े होंगे। इसके अलावा उसके एक खंड में द्रव प्रणोदक भरा जाएगा।

इन पी.एस.एल.वी. राकेट के जरिए करीब 1000 किलोग्राम भार का जो उपग्रह अंतरिक्ष में छोड़ा जाएगा, वह एक भूसर्वेक्षक उपग्रह है। बेंगलूर के उपग्रह केंद्र के वैज्ञानिक उसके निर्माण में जुटे हुए हैं। चूंकि अभी हमारा पी.एस.एल.वी. राकेट बना नहीं है, इसलिए इस भूसर्वेक्षक उपग्रह (आई.आर.एस.) को इसी साल के अंत में एक सोवियत राकेट के जरिए ध्रुवीय कक्षा में स्थापित किया जाएगा। आगे के इस ढंग के भूसर्वेक्षक उपग्रह हम अपने ही पी.एस.एल.वी. राकेटों से अंतरिक्ष में छोड़ सकेंगे।

बेशक भारत ने दो दशकों में ही राकेटों के निर्माण के मामले में काफी तेजी से प्रगति की है फिर भी हम ऐसा कोई राकेट अभी तक नहीं बना पाए हैं जो हमारे इन्सैट जैसे बड़े संचार–उपग्रहों को भूस्थिर कक्षा में स्थापित कर सके। भूमध्यरेखा के 36000 किलोमीटर ऊपर की कक्षा को 'भूस्थिर कक्षा' कहते हैं। इस कक्षा में स्थापित उपग्रह 24 घंटों में पृथ्वी का एक चक्कर लगाता है, इसलिए धरातल के सापेक्ष वह स्थिर स्थिति में बना रहता है।

फिलहाल अपने इन्सैट उपग्रहों को भूस्थिर कक्षा में स्थापित करवाने के लिए हम विदेशी राकेटों पर आश्रित है। हमारा इन्सैट–1 सी उपग्रह फरवरी 1988 में यूरोपीय अंतरिक्ष एजेंसी के एरियनी राकेट के जरिए 36000 किलोमीटर ऊपर की भूस्थिर कक्षा में छोड़ा जाएगा।

लेकिन वह दिन अब बहुत अधिक दूर नहीं जब हम अपने इन्सैट उपग्रहों को अपने ही शक्तिशाली राकेटों से भूस्थिर कक्षा में स्थापित करने लगेंगे। इन राकेटों के विकास की योजना बनकर तैयार हो गई है।

सीधे ही कोई शक्तिशाली राकेट बना लेना संभव नहीं होता। क्रमशः अधिकाधिक शक्तिशाली राकेट बनते-बनाते ही लक्ष्य तक पहुंचा जा सकता है। अब हमारे वैज्ञानिकों ने ए.एस.एल.वी. का निर्माण कर लिया है तो कहा जा सकता है कि हम उस लक्ष्य के काफी नजदीक पहुंच गए हैं। ए.एस.एल.वी. का यह पहला प्रायोगिक परीक्षण है। अगले वर्ष इसी राकेट से पश्चिम जर्मनी का एक उपग्रह अंतरिक्ष में छोड़ा जाएगा। यह पहला अवसर होगा जब भारतीय राकेट किसी विदेशी उपग्रह को अंतरिक्ष में पहुंचाएगा। निश्चय ही वह हमारे लिए राष्ट्रीय गौरव का दिन होगा।

ऐसे छोड़े जाते हैं राकेट आसमान में

आज की कुछ उन्नत टेक्नालॉजियां ऐसी हैं, जिनका विकास किसी भी देश को केवल अपने बलबूते पर करना पड़ता है। रॉकेट टेक्नालॉजी का मामला भी ऐसा ही है। राकेट न केवल किसी उपग्रह या अंतरिक्ष यान को अंतरिक्ष में पहुंचा देने वाला बुनियादी साधन है, बल्कि यह एक विध्वंसक प्रक्षेपास्त्र भी बन सकता है। यही कारण है कि कोई भी उन्नत देश राकेट के विकास में किसी दूसरे देश की मदद नहीं करता।

भारत में बने पहले राकेट का परीक्षण थुंबा के अंतरिक्ष केंद्र से 29 फरवरी, 1969 को किया गया था। हमारा वह पहला राकेट केवल 10 किलोग्राम का था और मुश्किल से 10 किलोमीटर की ऊंचाई तक पहुंचा था लेकिन आगे के केवल दस सालों में ही हमारे वैज्ञानिकों ने एक ऐसा शक्तिशाली राकेट बना लिया जो 20 किलोग्राम भार के रोहिणी उपग्रह को करीब 300 किलोमीटर ऊपर की कक्षा में स्थापित कर देने में सफल हुआ। यह था एस.एल.वी.-3 राकेट। इसके साथ ही अपने राकेट से अपना एक उपग्रह अंतरिक्ष में छोड़ने वाला भारत दुनियां का सातवां देश बन गया। अंतरिक्ष विभाग के हमारे वैज्ञानिकों ने एस.एल.वी.-3 का विकास पूर्णत: स्वदेशी साधनों के बल पर किया था। यह भी उल्लेखनीय है कि 1979 में एस.एल.वी.-3 की पहली प्रायोगिक उड़ान असफल रही थी।

राकेट टेक्नालॉजी की यह एक विशेषता है कि राकेट उड़ान की सफलता की अपेक्षा इसकी असफलताओं से वैज्ञानिक ज्यादा जानकारी हासिल करते हैं। दूसरे महायुद्ध के अंत में जर्मनी के अनेक वी-2 राकेट अमेरिका के हाथ लग गए थे। आगे के 6 वर्षों तक अमरीकी वैज्ञानिकों ने कुल मिलाकर 68 वी. 2 राकेटों को प्रक्षेपित किया। लेकिन इनमें से केवल 32 राकेट ही सफल उड़ान भर पाए थे। अमरीकी विशेषज्ञों ने स्पष्ट शब्दों में स्वीकार किया है कि असफल उड़ानों से प्राप्त की गई जानकारी के आधार पर ही बाद में वे अपने शक्तिशाली राकेटों का विकास कर पाए।

राकेटों की असफलता ने कई उन्नत देशों के अंतरिक्ष कार्यक्रमों को खटाई में डाला है। अमेरिका के अंतरिक्ष शटल और सोवियत संघ के राकेट के साथ

दुर्घटनाएं भी हुई है। अमेरिका में निर्मित और अमरीकी अंतरिक्ष शटल द्वारा प्रक्षेपित हमारा एक इन्सैट उपग्रह चंद महीनों बाद ही बेकार हो गया था। यूरोपीय अंतरिक्ष एजेंसी के शक्तिशाली एरियनी राकेट के साथ भी समस्याएं पैदा हो गई हैं। तात्पर्य यह है कि राकेटों के विकास के साथ भी समस्याएं स्वाभाविक रूप से जुड़ी हुई हैं।

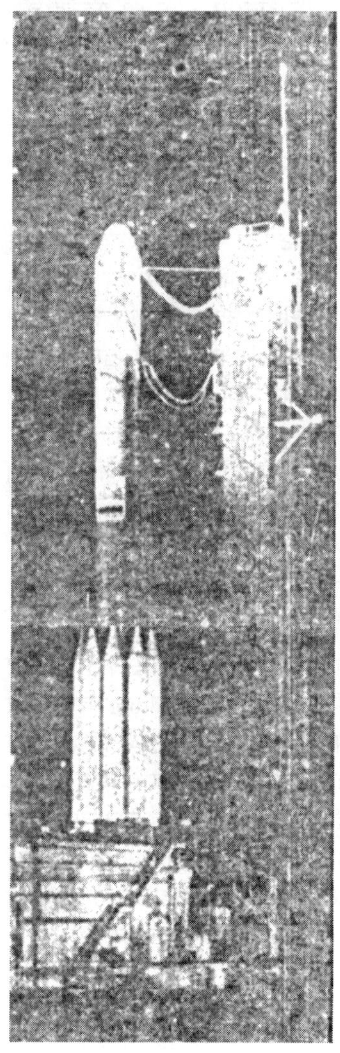

ए.एस.एल.वी.

पहली पीढ़ी के एस.एल.वी.-3 राकेट की चार उड़ानों में से दो उड़ानें सफल रहीं तो अंतरिक्ष विभाग के हमारे वैज्ञानिकों ने दूसरी पीढ़ी के ए.एस.एल.वी. के विकास का काम तेज कर दिया था। चार साल के कड़े परिश्रम के बाद पहला ए.एस.एल.वी. राकेट बनकर तैयार हुआ था। दुर्भाग्य से एस.एल.वी.-3 की पहली उड़ान की तरह ए.एस.एल.वी. की यह पहली प्रायोगिक उड़ान भी असफल रही। इस असफलता के मुख्य मुद्दों को समझाने के लिए ए.एस.एल.वी. की रचना तथा इसकी कार्य-प्रणाली पर एक नजर डालना जरूरी है।

ए.एस.एल.वी. का पूरा नाम है— ओगमेंटेड सेटेलाइट लांच वेहिकल यानी संवर्द्धित इसे यह नाम दिया गया है। यह एस.एल.वी.-3 का संवर्द्धित रूप है, इसीलिए इसे यह नाम दिया गया है। इस राकेट में कई नई प्रौद्योगिकियां जोड़ी गई हैं। मुख्य चीज यह है कि एस.एल.वी.-3 के निचले खंड के साथ दो और बूस्टर राकेट जोड़कर यह नया राकेट बनाया गया है। इससे राकेट की शक्ति बढ़ गई है और यह 150 किलोग्राम भार के उपग्रह को करीब 400 किलोमीटर ऊपर की वृत्ताकार कक्षा में स्थापित कर सकता है। इसके पांचों खंडों में ठोस प्रणोदकों का इस्तेमाल हुआ है और इसका कुल भार करीब 41

टन है। इस राकेट के प्रक्षेपण के लिए श्री हरिकोटा में पहली बार एक चलते-फिरते खड़े असेंबली टावर की व्यवस्था की गई है।

ए.एस.एल.वी. यदि पूरे ठीक ढंग से काम करता तो केवल साढ़े सात मिनटों में 150 किलोग्राम भार के नए रोहिणी उपग्रह को 400 किलोमीटर ऊपर की कक्षा में स्थापित कर देता। टावर ने अपना काम सही ढंग से किया। दोनों बूस्टर राकेटों की मोटरें भी ठीक से प्रज्वलित हुईं। योजना के अनुसार ठीक 52 सेकंड तक जलते रहने के बाद ये दोनों बूस्टर राकेट, यान के निचले खंड से अलग हो गए। इसके बाद राकेट के निचले खंड की मोटर को प्रज्वलित होना था परंतु किन्हीं कारणों से ऐसा नहीं हो सका। जान पड़ता है कि बूस्टर राकेटों के अलग होते समय बीच की मुख्य मोटर को धक्का लगा, वह प्रज्वलित नहीं हो पाई और अंत में समूचा राकेट आकाश से नीचे गिरकर समुद्र में समा गया। धरती से राकेट के ऊपर उठने के बाद कुल 162 सेकंड तक टेलीमीटरों से राकेट की उड़ान के बारे में नियंत्रण केंद्र को जानकारी मिलती रही। राकेट के सिरे पर संचार उपग्रह में स्थापित यंत्रों से भी जानकारी मिलती रही। समूची जानकारी का विश्लेषण होने पर पता चलेगा कि राकेट में ठीक किस स्थान पर और किस दौर में खराबी आई।

फिलहाल इतना स्पष्ट है कि असेंबली टावर तथा दोनों बूस्टर राकेटों ने अपना काम ठीक से किया। इसके अलावा अल्प समय की इस उड़ान में राकेट अपने निर्धारित मार्ग से विचलित भी नहीं हुआ। ये सब नई उपलब्धियां हैं लेकिन पूर्ण सफलता नहीं मिली है। इससे अंतरिक्ष विभाग के हमारे वैज्ञानिकों को गहरा धक्का लगना स्वाभाविक है।

हमारा लक्ष्य एक ऐसा शक्तिशाली राकेट तैयार करना है जो हमारे इन्सैट जैसे बड़े उपग्रह को 360000 किलोमीटर ऊपर की भूस्थिर कक्षा में स्थापित कर सके लेकिन उससे पहले हमारे वैज्ञानिक तीसरी पीढ़ी का एक ऐसा राकेट बना लेंगे, जो 1000 किलोग्राम भार के एक भू-सर्वेक्षण उपग्रह को एक हजार किलोमीटर ऊपर की ध्रुवीय कक्षा में स्थापित कर देगा। इस पी.एस.एल.वी. राकेट के निचले खंड के साथ 6 बूस्टर राकेट जोड़े जाएंगे। अब इस राकेट के विकास में कुछ अधिक समय लग सकता है। राकेटों के विकास के हमारे कार्यक्रम को बदलने या विदेशी मदद लेने की कोई आवश्यकता नहीं है। अंतरिक्ष विभाग के हमारे कर्मठ वैज्ञानिक अपना हौसला बुलंद रखें और शासन से भरपूर सहयोग मिलता रहे तो अब भी निर्धारित समय में हम अपने लक्ष्य पर पहुंच कर आत्मनिर्भर बन सकते हैं।

उड़ने को तैयार है एक नया राकेट

राकेट टेक्नालॉजी ऐसी नाजुक चीज है जिसके विकास में दुनिया के धनी देश विकासशील देशों को कोई मदद नहीं देते। कारण यह है कि राकेट, न केवल अंतरिक्ष अनुसंधान का एक बुनियादी साधन है बल्कि यह एक विनाशक प्रक्षेपास्त्र भी बन सकता है। सोवियत संघ ने उपग्रहों के निर्माण में हमें सहयोग दिया, हमारे उपग्रह अंतरिक्ष में स्थापित कर देने में भी मदद की, पर अपने राकेटों का विकास हमें पूर्णत: अपने बल पर ही करना पड़ा है।

भारत ने पिछले दो दशकों में राकेटों के विकास में बड़ी तेजी से उन्नति की है। अंतरिक्ष विभाग के हमारे वैज्ञानिकों ने अब एक नया शक्तिशाली राकेट बना लिया है। प्रथम परीक्षण के लिए इस राकेट को आंध्र प्रदेश के तटवर्ती द्वीप श्रीहरिकोटा के राष्ट्रीय अंतरिक्ष अड्डे के लांच-पैड पर खड़ा कर दिया गया है। अब इसी महीने किसी भी दिन इसे अंतरिक्ष में छोड़ा जाएगा। इस नए राकेट का नाम-ओगमेंटेड सैटेलाइट लांच-वेहिकल (ए.एस.एल.वी.) यानी, संवर्द्धित उपग्रह वाहक यान।

नया ए.एस.एल.वी. राकेट हमारे एस.एल.वी.-3 राकेट का संवर्द्धित (ओगमेंटेड) रूप है। यह चार खंडों वाला राकेट है। करीब 23 मीटर ऊंचे इस राकेट का कुल भार 17 टन है। इसके निचले खोल के खंड का व्यास एक मीटर है और ऊपरी खंड के खोल का व्यास 60 सेंटीमीटर है। इस राकेट के चारों खंडों में ठोस प्रणोदक यानी ईंधन भरा जाता है। भारतीय वैज्ञानिकों ने अपने ही प्रयासों से इस ठोस ईंधन का विकास किया है। एस.एल.वी.-3 राकेट में कुल मिलाकर करीब एक लाख कल-पुर्जों का इस्तेमाल हुआ है।

एस.एल.वी.-3 राकेट के 1980-82 के दौरान कई सफल परीक्षण हुए। इस राकेट से करीब 40 किलोग्राम भार के रोहिणी उपग्रहों को अंतरिक्ष में स्थापित किया गया। एक छोटे उपग्रह को पार्थिव कक्षा में स्थापित कर सकने में समर्थ भारत का यह पहला राकेट था। ऐसे उपग्रह-वाहक राकेट का विकास कर पाना आसान काम नहीं है। ऐसे राकेट का निर्माण करने वाला भारत अब दुनिया का सातवां देश बन गया है।

श्रीहरिकोटा के अंतरिक्ष अड्डे के लांच-पैड पर अब जिस नए ए.एस.एल.वी. राकेट को इसके प्रथम परीक्षण के खड़ा कर दिया गया है, वह काफी हद तक एस.एल.वी.-3 जैसा ही है। इस नए राकेट में भी चार खंड हैं। चारों खंडों में जो ईंधन भरा गया है। इसकी भी ऊंचाई 23 मीटर है।

इसमें एक नई चीज यह है कि इसके निचले खंड के साथ इसी प्रकार के दो और खंड जोड़ दिए गए हैं। इन अतिरिक्त राकेटों को बूस्टर कहते हैं।

बूस्टरों से राकेट की शक्ति काफी बढ़ जाती है। राकेट अधिक तेजी से ऊपर उठता है, अधिक ऊंचाई तक पहुंचता है और अधिक भार के उपग्रह को अंतरिक्ष में पहुंचा देता है। ए.एस.एल.वी. का निचला खंड और इसके साथ जुड़े हुए दोनों बूस्टर-राकेट एक साथ प्रज्वलित होंगे, और समूचा राकेट अधिक शक्ति के साथ ऊपर जाएगा। दो बूस्टर बांध देने से ए.एस.एल.वी. का भार अब 40 टन हो गया है।

एस.एल.वी.-3 से 40 किलोग्राम भार के रोहिणी उपग्रह को करीब 300 किलोमीटर ऊपर की कक्षा में छोड़ना संभव हुआ था। नया शक्तिशाली ए.एस.एल.वी. राकेट 150 किलोग्राम भार के एक उपग्रह को करीब 400 किलोमीटर ऊपर की कक्षा में छोड़ने में समर्थ होगा। इस नए राकेट से जिस उपग्रह को अंतरिक्ष में छोड़ा जा रहा है उसे भारतीय वैज्ञानिकों ने स्ट्रेच्ड रोहिणी सैटेलाइट सीरिज (संक्षेप में, स्रोस) यानी, 'विस्तारित रोहिणी उपग्रह श्रृंखला' का नाम दिया है।

भारतीय राकेटों और उपग्रहों के नामकरण की स्थिति बड़ी विचित्र है। भारतीय उपग्रहों को आर्यभट, भास्कर और रोहिणी-जैसे सार्थक ऐतिहासिक-पौराणिक नाम दिए गए। पर सभी भारतीय उपग्रहों को, किसी कारण, भारतीय वैज्ञानिकों ने पूर्णत: अपने बल पर बनाया था, फिर भी उसे अंग्रेजी नाम दिया गया। इन्सैट उपग्रह एक अमेरिकी कंपनी को पैसे देकर बनवाए गए हैं फिर भी इन्हें भारतीय नाम देना संभव नहीं हुआ।

रोहिणी श्रीकृष्ण के जन्म-नक्षत्र का नाम है। भारतीय उपग्रह के लिए यह एक बढ़िया पौराणिक नाम था लेकिन अब ए.एस.एल.वी. राकेट से छोड़े जाने वाले 150 किलोग्राम भार के उपग्रह को जो नाम दिया गया है, उसमें हमारे अंतरिक्ष विभाग के वैज्ञानिकों ने सूझ-बूझ से काम नहीं लिया है। स्रोस एक खिचड़ी नाम है।

पाश्चात्य देशों ने अपने राकेटों को टाइटन, अपोलो, सैटर्न और एरियनी जैसे पौराणिक नाम दिए हैं। भारतीय राकेटों को भी भारतीय परंपरा के ऐतिहासिक या पौराणिक नाम दिए जा सकते थे पर हमारे वैज्ञानिकों की अंग्रेजी मानसिकता के

कारण ऐसा संभव नहीं हुआ, और भारतीय राकेटों को एस.एल.वी.-3 और ए.एस.एल.वी. जैसे विदेशी नाम दिए गए। चूंकि आगे इसी शृंखला के राकेट और उपग्रह विकसित किए जाएंगे, इसलिए ये विदेशी नाम अब लंबे समय तक हम पर लदे रहेंगे। भारतीय जनता की गाढ़ी कमाई से विकसित किए गए इन वैज्ञानिक साधनों को विदेशी नाम देना सचमुच ही दुखदायी है। ए.एस.एल.वी. राकेट के विकास में 20 करोड़ रुपये खर्च हुए हैं।

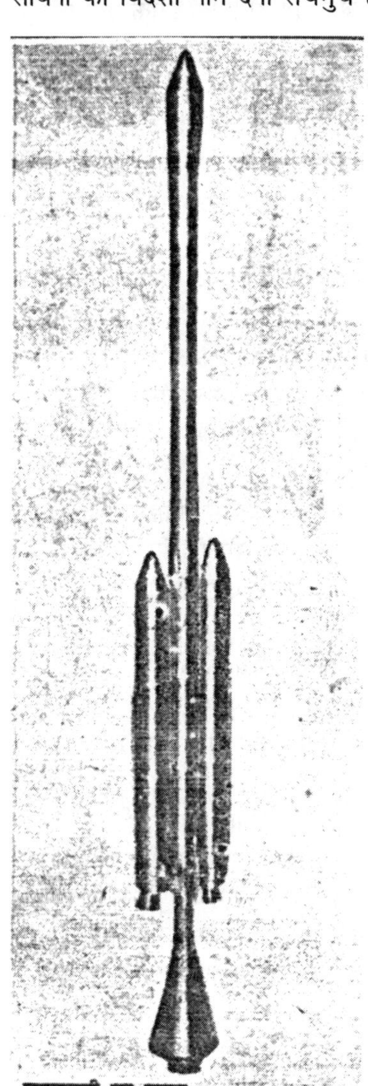
एएसएलवी का माडल

भारत में अब जिस अधिक शक्तिशाली राकेट का निर्माण किया जा रहा है उसका अंग्रेजी नाम है-पोलर सैटेलाइट लांच वेहिकल (संक्षेप में, पी.एस.एल.वी.) यानी, 'ध्रुवीय उपग्रह-वाहक यान'। इस राकेट से छोड़ा गया उपग्रह दोनों ध्रुवों के ऊपर से गुजरते हुए पृथ्वी की परिक्रमाएं करेगा, इसलिए इस उपग्रह को छोड़ने वाले राकेट को यह नाम दिया गया है। निर्माणाधीन पी.एस.एल.वी. राकेट 1000 किलोग्राम भार के उपग्रह को करीब 1000 किलोमीटर ऊपर की ध्रुवीय कक्षा में स्थापित कर देने में समर्थ होगा।

इस पी.एस.एल.वी. राकेट के जरिए 1000 किलोग्राम भार के जिस उपग्रह को ध्रुवीय कक्षा में छोड़ा जाएगा, वह एक भूसर्वेक्षक उपग्रह होगा। बेंगलूर के उपग्रह केंद्र के वैज्ञानिक इस उपग्रह के निर्माण में जुटे हैं। ऐसा पहला उपग्रह बनकर लगभग तैयार हो गया है। इस पहले भूसर्वेक्षक उपग्रह को, जिसे अंग्रेजी में आई.आर.एस. नाम दिया गया है, इसी साल के अंत में एक शक्तिशाली सोवियत राकेट के जरिए अंतरिक्ष में छोड़ा जाएगा। आगे के ऐसे सभी भूसर्वेक्षक उपग्रह भारतीय राकेट

पी.एस.एल.वी. से ही छोड़े जाएंगे। प्रथम पी.एस.एल.वी. राकेट का परीक्षण दो साल बाद होगा।

अब छोड़े जा रहे ए.एस.एल.वी. राकेट के निचले खंड के साथ दो बूस्टर जोड़े गए हैं। पी.एस.एल.वी. राकेट में इसके निचले खंड के साथ छह बूस्टर जोड़े जाएंगे। इसके अलावा इसमें एक नई बात यह होगी कि इसके एक खंड में ठोस ईंधन के स्थान पर द्रव ईंधन भरा जाएगा।

भारत ने केवल दो दशकों के भीतर ही एक ऐसा राकेट तो बना लिया है जो एक छोटे उपग्रह को करीब 400 किलोमीटर ऊपर की कक्षा में छोड़ सकता है पर अभी हमने ऐसा कोई राकेट नहीं बनाया है जो इन्सैट-जैसे बड़े उपग्रह को भूस्थिर कक्षा में स्थापित कर दे। भूमध्य रेखा के 36000 किलोमीटर ऊपर की वृत्तीय कक्षा को भूस्थिर कक्षा कहते हैं।

भूस्थिर कक्षा में स्थापित उपग्रह 24 घंटों में पृथ्वी का एक चक्कर लगाता है। हमारी पृथ्वी भी इतने ही समय में अपनी धुरी पर एक चक्कर लगा लेती है। इसलिए भूस्थिर कक्षा में स्थापित उपग्रह धरातल के सापेक्ष अंतरिक्ष में एक स्थान पर टिका हुआ दिखाई देता है। हिंद महासागर के 36000 किलोमीटर ऊपर भूस्थिर कक्षा में स्थापित हमारा इन्सैट उपग्रह समूचे भारत को संचार-संबंधों के जाल में बांधता है, मौसम के बारे में उपयोगी जानकारी देता है।

अब तक के दो इन्सैट उपग्रह अमेरिकी राकेट-यानों से अंतरिक्ष में छोड़े गए थे। अंतरिक्ष-शटल का प्रोग्राम स्थगित हो जाने से अब अगले इन्सैट-1 सी उपग्रह को अगले वर्ष के आरंभ में यूरोपीय अंतरिक्ष एजेंसी के एरियनी राकेट से भूस्थिर कक्षा में छोड़ा जाएगा।

हमारे अंतरिक्ष विभाग ने एक ऐसे राकेट के विकास की भी योजना बनाई है जो एक बड़े उपग्रह को 36,000 किलोमीटर ऊपर की भूस्थिर कक्षा में छोड़ने में समर्थ होगा। लेकिन इस राकेट को बनाने में अभी कुछ साल लगेंगे।

एक शक्तिशाली राकेट का सीधे विकास करना किसी भी देश के लिए संभव नहीं होता। क्रमशः अधिकाधिक शक्तिशाली राकेट बनाते जाकर ही लक्ष्य तक पहुंचा जा सकता है। 4 अक्टूबर, 1957 को सोवियत संघ ने जब पहला स्पूतनिक उपग्रह छोड़ा था, तब हमारे पास कोई राकेट नहीं था। धरती का पहला मानव यूरी गगारिन 12 अप्रैल, 1961 को अंतरिक्ष में पहुंचा, तब भी हमारे पास कोई राकेट नहीं था। भारत में अंतरिक्ष अनुसंधान का कार्यक्रम इन ऐतिहासिक घटनाओं के बाद बना। त्रिवेंद्रम के पास थुंबा राकेट केंद्र की स्थापना 1962 में हुई थी।

थुंबा से वायुमंडल के अध्ययन के लिए आरंभ में जो छोटे राकेट अंतरिक्ष में छोड़े गए थे, वे हमें विदेशों से मिले थे फिर त्रिवेंद्रम के पास ही भारतीय राकेटों

के विकास के लिए एक केंद्र खुला। आज इसका नाम है विक्रम साराभाई अंतरिक्ष केंद्र। पहले यहां छोटे-छोटे राकेट बने फिर रोहिणी और मेनका शृंखला के कुछ बड़े राकेट बने।

भारत में बने पहले राकेट का परीक्षण थुंबा से 29 फरवरी, 1969 को किया गया था। भारत का वह पहला राकेट केवल 10 किलोग्राम भार का था और मुश्किल से 4.2 किलोमीटर की ऊंचाई तक पहुंचा था।

लेकिन दो दशकों के भीतर ही भारत ने अब एक ऐसा शक्तिशाली राकेट बना लिया है जिसका भार 40 टन है और यह 150 किलोग्राम भार के एक वैज्ञानिक उपग्रह को 400 किलोमीटर की ऊपर की कक्षा में स्थापित कर देने में समर्थ है।

इस ए.एस.एल.वी. राकेट का यह पहला प्रायोगिक परीक्षण है। अगले वर्ष के आरंभ में जिस दूसरे ए.एस.एल.वी. राकेट का परीक्षण होगा, उसके जरिए पश्चिमी जर्मनी के एक उपग्रह को अंतरिक्ष में छोड़ा जाएगा। यह पहला अवसर होगा जब भारतीय राकेट एक धनी देश के उपग्रह को अंतरिक्ष में पहुंचा देगा।

भारत ने राकेट टेक्नालॉजी का विकास काफी तेजी से किया है लेकिन चंद उन्नत टेक्नालॉजियों के ऐसे 'द्वीप' खड़े कर देना ही पर्याप्त नहीं है। हमें आम जनता के लिए उपयोगी बनने वाली टेक्नालॉजियों का भी तेजी से विकास करना होगा। राकेट टेक्नॉलाजी के क्षेत्र में किए गए विकास ने यह सिद्ध कर दिया है कि हम अपने बल पर ही उन्नत टेक्नालॉजी का विकास कर सकते हैं।

श्रीरंगपट्टन से श्रीहरिकोटा तक

वाटरलू के प्रसिद्ध युद्ध (1815 ई.) में नेपोलियन को हराने वाले ड्यूक ऑफ वैलिंग्टन, आर्थर वेल्जली (1769-1852 ई.) को अंग्रेज कौम आज भी एक महान योद्धा के रूप में स्मरण करती है लेकिन बहुत कम लोगों को यह मालूम होगा कि टीपू सुलतान की सेना के सामने वाटरलू का यही वीर मैदान छोड़कर भाग गया था। यह करिश्मा भारतीय राकेटों का था।

घटना चौथे मैसूर युद्ध (अप्रैल 1799) के दौरान की है। जनरल हैरिस के नेतृत्व में अंग्रेज फौज ने मैसूर राज्य पर हमला बोल दिया था। अंग्रेज फौज राजधानी श्रीरंगपट्टन के काफी नजदीक पहुंच गई थी लेकिन किले तक पहुंचना आसान काम नहीं था। किले के दक्षिण-पश्चिम में सुलतानपेट गांव के पास एक ऊंचा टीला था। टीपू ने अपने राकेटधारी सैनिकों की एक टुकड़ी उस टीले पर तैनात कर दी थी।

किले तक पहुंचने के लिए टीपू के राकेटधारियों को इस टीले से हटाना आवश्यक था। हैरिस ने यह जिम्मेदारी कर्नल आर्थर वेल्जली को सौंपी। कर्नल आर्थर कोई मामूली आदमी नहीं था। वह भारत के तत्कालीन गवर्नर-जनरल लॉर्ड वेल्जली का छोटा भाई था। कर्नल आर्थर अपने सिपाहियों को लेकर 5 अप्रैल की शाम को सुलतानपेट टीले की ओर आगे बढ़ा लेकिन टीपू के सैनिकों ने उन पर राकेटों की इतनी आग बरसाई कि वे मैदान छोड़कर भाग खड़े हुए। रात के अंधेरे में कर्नल आर्थर वेल्जली भी कहीं जाकर छिप गया। दूसरे दिन काफी बाद में ही उसने जनरल हैरिस को अपनी शक्ल दिखाई।

आर्थर वेल्जली (1769-1852 ई.)

कुछ दिन बाद जनरल हैरिस ने पुनः श्रीरंगपट्टन पर हमला करने की तैयारी की। इस बीच मुंबई से जनरल स्टुअर्ट की सेना भी मदद के लिए पहुंच गई थी। कावेरी के उत्तर में पहुंची हुई स्टुअर्ट की इस सेना पर भी टीपू के सैनिकों ने खूब राकेट बरसाए लेकिन टीपू के पूर्निया और कमरुद्दीन जैसे सेनापतियों ने उसके साथ विश्वासघात किया। अंग्रेजों की फौज 4 मई, 1799 को श्रीरंगपट्टन के किले में दाखिल हो गई। वीर टीपू अंतिम सांस तक लड़ता रहा। लड़ते-लड़ते ही उसने वीरगति प्राप्त की। किले पर अंग्रेजों का कब्जा हो गया। अंग्रेजों ने श्रीरंगपट्टन में खून की होली खेली। आर्थर वेल्जली के नेतृत्व में अंग्रेजों ने शाही महल के हीरे-जवाहरात को दिल खोलकर लूटा। करोड़ों की इस लूट और टीपू के विशाल ग्रंथालय को श्रीरंगपट्टन से उठाकर विलायत भेज दिया गया।

श्रीरंगपट्टन में लूट मचाने वाला यही कर्नल आर्थर वेल्जली बाद में ड्यूक आफ वेलिंग्टन, वाटरलू का विजेता और कुछ समय के लिए इंग्लैंड का प्रधानमंत्री बना। मगर वह भारतीय राकेटों के हमले को जीवनभर नहीं भूल पाया। उसका एक जीवनीकार गुएडल्ला जानकारी देता है कि आर्थर वेल्जली पर टीपू के उन राकेटों की दहशत जिंदगीभर बनी रही।

श्रीरंगपट्टन की करोड़ों की लूट के साथ ही भारत का एक और तोहफा इंग्लैंड पहुंचा। यह था भारतीय राकेट। टीपू सुलतान के दो राकेटों को वूलविच के रॉयल आर्टिलरी संग्रहालय में आज भी देखा जा सकता है।

उस समय यूरोप में भी राकेट बनते थे परंतु भारतीय राकेट उनसे कहीं बेहतर थे। मैसूर के राकेटों के खोल लोहे के होते थे, जबकि उस समय यूरोप के राकेटों के लिए लकड़ी के खोलों का इस्तेमाल होता था। उस समय भारत में यूरोप से भी बेहतर लोहा बनता था। शेफील्ड के उत्तम छुरी-कांटों के लिए भारत से लोहा जाता था।

भारतीय राकेटों के लिए लोहे के सिलिंडरों का इस्तेमाल होता था, इसलिए इनमें प्रणोदक (बारूद) को अधिक घनत्व के साथ भरना संभव था। इससे भारतीय राकेट ज्यादा ठेल पैदा कर सकते थे, ज्यादा दूरी तक मार कर सकते थे। राकेट को स्थिरता प्रदान करने के लिए इसके साथ एक तलवार या तीन मीटर लंबा एक बांस बांध दिया जाता था।

जानकारी मिलती है मैसूर के इस राकेट का भार 2.2 से 5.5 किलोग्राम तक होता था। सिलिंडर के आकार के इसके जिस खोल में जलने वाला मिश्रण भरा जाता था उसका व्यास 2 सेंटीमीटर होता था और लंबाई 20 सेंटीमीटर। आमतौर पर ऐसा राकेट करीब डेढ़ किलोमीटर की दूरी तक पहुंचता था, हालांकि इसे हाथ से फेंका जाता था। ऐसे कुछ राकेट तो करीब ढाई किलोमीटर तक भी मार करने में समर्थ थे।

मैसूर की सेना में राकेटधारियों की बाकायदा एक टुकड़ी थी। हैदर अली के समय में इस टुकड़ी में 1200 राकेटधारी थे। टीपू के समय में इनकी संख्या 5000 पर पहुंच गई थी। पहियों की गाड़ी का लांच-पैड के रूप में इस्तेमाल करके तीन या अधिक राकेटों को एक साथ दागने की व्यवस्था की गई थी।

कर्नाटक में राकेटों का इस्तेमाल काफी पहले से होता आ रहा था। हैदर अली का पिता अर्काट के नवाब के यहां 50 राकेटधारियों का संचालक था। दूसरे मैसूर युद्ध के दौरान पोल्लिलूर की लड़ाई (10 सितंबर, 1780) में हैदर और उसके बेटे टीपू ने राकेटों से अंग्रेजों के छक्के छुड़ा दिए थे।

टीपू सुलतान की सेना का राकेटधारी सैनिक

इस युद्ध में मैसूर के एक राकेट ने अंग्रेजों की गोला-बारूद की एक गाड़ी में आग लगा दी थी। इस शानदार विजय का दृश्य श्रीरंगपट्टन के दरिया-दौलत बाग के एक प्रसिद्ध भित्तिचित्र में अंकित है। तीसरे मैसूर युद्ध (फरवरी 1792) के दौरान भी श्रीरंगपट्टन के पास पहुंची हुई अंग्रेज सेना पर टीपू के राकेटधारियों ने जबरदस्त हमला किया था। चौथे मैसूर युद्ध के दौरान टीपू के राकेटों ने कर्नल आर्थर वेल्जली का क्या हाल कर दिया था, यह हम पहले बता ही चुके हैं।

दरअसल, राकेटों के विकास में टीपू की बड़ी दिलचस्पी थी। उसने इस्तांबुल के सुलतान को भी कुछ राकेट भेंट के तौर पर भेजे थे।

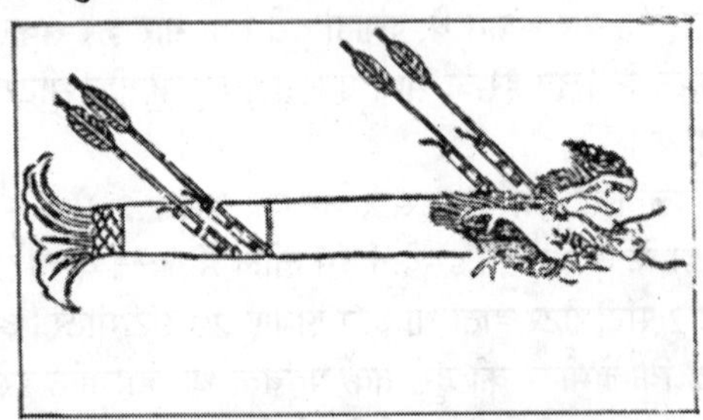
प्राचीन चीन का दो खंडों वाला राकेट

मैसूर यूद्धों के काफी पहले से भारत में राकेटों का प्रचलन रहा है। इनके ज्यादातर उल्लेख दक्षिण भारत से मिलते हैं। मैसूर के शासकों को राकेटों की जानकारी संभवत: मालाबार से मिली थी। चीनी व्यापारी मालाबार के बंदरगाह तक पहुंचते थे। उन्हीं से मालाबारवासियों को बारूद और राकेटों की जानकारी मिली होगी। मलयालम भाषा में आतिशबाजी के पटाखों के लिए आज भी 'चीना बेड़ी' और 'चीना पदक्कम' जैसे नाम प्रचलित हैं।

टीपू सुलतान के राकेटधारी पहियों की गाड़ी का लांच-पैड के रूप में इस्तेमाल

आज से करीब बारह सौ साल पहले चीन में बारूद (अग्निचूर्ण) का आविष्कार हुआ फिर 12वीं सदी में चीनियों ने राकेट भी बनाए। ये एक प्रकार के 'राकेट-बाण' थे। पता चलता है कि 1232 ई. में मंगोल रिसाला ने काई-फेंङ्-फे शहर पर हमला किया, तो चीनियों ने उनके खिलाफ युद्धास्त्रों के रूप में राकेटों का इस्तेमाल किया था। मंगोलों या अरबों के जरिए ईसा की तेरहवीं सदी में यूरोप को पहली बार बारूद और राकेट की जानकारी मिली।

लगभग उसी समय भारत को भी बारूद की जानकारी मिली। भारत को यह जानकारी या तो चीनी कीमियागरों से मिली या भारतीय बंदरगाहों में पहुंचने वाले चीनी व्यापारियों के जरिए। परशुराम कृष्ण गोडे का मत है कि लगभग 1400 ई. तक चीन की आतिशबाजी की कला भारत में पहुंच चुकी थी। जानकारी मिलती है कि कश्मीर के शासक जैन-उल-आबदीन ने 1450 ई. के आसपास आतिशबाजी

तार्तारों ने 1232 ई. में मंगोल हमलावरों पर अग्निबाण (राकेट) बरसाए।

के बारे में एक पुस्तक लिखी थी। एक विवरण में 1443 ई. में विजयनगर की आतिशबाजी का उल्लेख है। आज भी आतिशबाजी के पटाखों का सबसे ज्यादा उत्पादन दक्षिण भारत में ही होता है। राकेटों का भी ज्यादा इस्तेमाल दक्षिण भारत के युद्धों में ही हुआ है। अबुल फजल ने आईन-ए-अकबरी में 77 शस्त्रास्त्रों की जो सूची दी है उसमें सबसे अंत में बाण (अग्निबाग, राकेट) का नाम है। राकेटों के खोलों के लिए चीन में बांसों का इस्तेमाल होता था। इनके लिए लोहे के खोलों का उपयोग संभवतः भारत की ही खोज है।

लोहे के खोल वाले इन राकेटों ने अंग्रेजों को बहुत प्रभावित किया। इनके कई नमूने इंग्लैंड भेजे गए। वहां वूलविच शस्त्रागार (लंदन) की प्रयोगशाला के प्रबंधक के पुत्र विलियम कांग्रेव (1772-1828) ने इन राकेटों का अध्ययन किया और वह इनके आधार पर बेहतर राकेटों का विकास करने में जुट गया। यह चौथे मैसूर युद्ध के दो साल बाद की, यानी सन् 1801 की घटना है। कांग्रेव ने नया प्रणोदक (ईंधन) मिश्रण तैयार किया। उसने लोहे के खोल की मजबूत राकेट-मोटरें बनाईं।

इनका व्यास 10 सेंटीमीटर और भार लगभग 14.5 किलोग्राम था। इन राकेटों का मुंह शंकु के आकार था और इनके साथ करीब 4.5 मीटर लंबा एक डंडा जोड़ दिया जाता था। कांग्रेव ने राकेटों के बारे में तीन पुस्तकें भी लिखीं।

कांग्रेव ने न्यूटन के तीसरे नियम (क्रिया और प्रतिक्रिया समान होती हैं और विपरीत दिशाओं में काम करती हैं) के आधार पर यह भी पहचाना कि राकेट जब छूटता है तो यह पीछे धक्का नहीं देता। इसलिए समुद्री जहाजों पर राकेटों के इस्तेमाल को विशेष महत्त्व दिया गया। इसके बाद उन्नीसवीं सदी के पहले चरण में अनेक युद्धों में अंग्रेजों ने कांग्रेव के बनाए हुए राकेटों का इस्तेमाल किया। सन् 1806 में प्रयोग के तौर पर जहाजों से आधे घंटे में बोलोना शहर पर 200 राकेट दागे गए थे। सन् 1807 में कोपनहेगेन की घेराबंदी में और सन् 1812 में डांझिग की घेराबंदी में अंग्रेजों ने कांग्रेव के राकेटों का इस्तेमाल किया था। कांग्रेव द्वारा विकसित अंतिम दौर के राकेट 20 किलोग्राम भार तक के होते थे और 2.7 किलोमीटर की दूरी तक मार करने में समर्थ थे।

इंग्लैंड में कांग्रेव द्वारा विकसित राकेट

इन विवरणों से यह स्पष्ट है कि भारतीय राकेट की जानकारी मिलने के बाद ही इंग्लैंड में बेहतर राकेट बने। उस समय इंग्लैंड में तकनीकी अनुसंधान और औद्योगिक क्रांति का नया दौर शुरू हो गया था। अठारहवीं सदी के अंतिम चरण तक भारत के कई परंपरागत तकनीक यूरोप से बेहतर थे, परंतु इनके

विकास के लिए भारत में अनुकूल परिस्थितियां नहीं थीं। दूसरी ओर, इंग्लैंड और शेष यूरोप में तकनीकों को विज्ञान और अनुसंधान का भरपूर सहारा मिला और वे तेजी से नए उद्योगों में बदलते गए। भारत में ऐसा संभव नहीं हुआ। पर हमें यह भी स्मरण रखना चाहिए कि इंग्लैंड की औद्योगिक क्रांति में श्रीरंगपट्टन की लूट और टीपू के राकेटों का भी आंशिक योगदान रहा है।

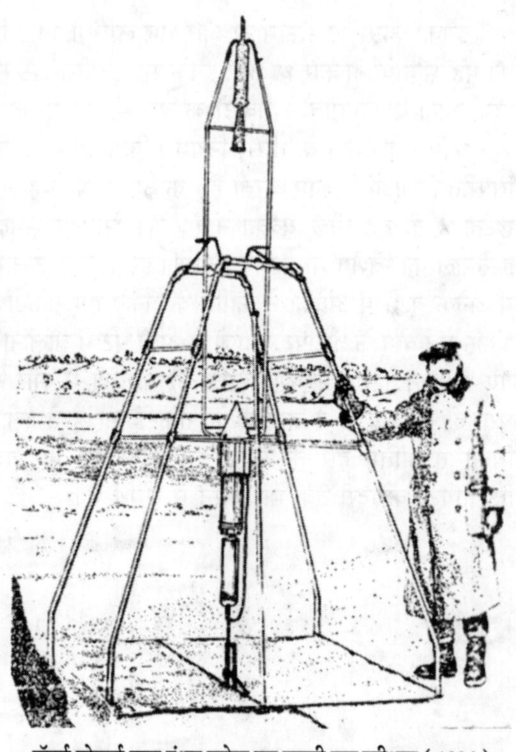

रॉबर्ट गोडार्ड द्वारा इंधन राकेट का पहली बार परीक्षण (1926)

आधुनिक किस्म के राकेटों की शुरुआत वर्तमान सदी के आरंभ में हुई। सबसे पहले सन् 1903 में रूसी वैज्ञानिक कोंस्तांतिन त्सिओलकोवस्की (1857–1935) ने राकेट के संबंधित अपना अनुसंधान कार्य प्रकाशित किया। उन्होंने पहली बार यह सिद्ध किया कि केवल राकेटयान ही निर्वात अंतरिक्ष में यात्रा कर सकता है फिर अमरीकी वैज्ञानिक रॉबर्ट गोडार्ड (1882–1945) ने द्रव ईंधन पर आधारित राकेटों का विकास किया फिर दूसरे महायुद्ध के दौरान जर्मनी में शक्तिशाली वी–2 राकेट बने। जर्मनी ने सन् 1944–45 में पेरिस, लंदन आदि शहरों पर बहुत से वी–2 राकेट बरसाए। महायुद्ध के बाद अनेक वी–2 राकेट अमेरिका के हाथ लगे। जर्मन राकेट विशेषज्ञ वेर्नहेर फॉन ब्राउन (1912–77) भी अमेरिका पहुंच गए। उसके बाद अमेरिका में आधुनिक राकेटों और प्रक्षेपास्त्रों का तेजी से विकास हुआ लेकिन सन् 1957 में संसार का पहला कृत्रिम उपग्रह एक सोवियत राकेट के जरिए ही अंतरिक्ष में पहुंचा। सन् 1961 में एक सोवियत राकेटयान पर सवार होकर ही पहला मानव, यूरी गगारिन अंतरिक्ष में पहुंचा था।

उस समय तक भारत के पास अपना कोई आधुनिक राकेट नहीं था। पहली बार नवंबर 1963 में थुंबा से मौसमी आंकड़ों की जानकारी प्राप्त करने के लिए छोटे साउंडिंग राकेटों का प्रक्षेपण आरंभ हुआ। ये राकेट विदेशों से प्राप्त किए गए थे। भारत में बने पहले रोहिणी-75 राकेट का सफल परीक्षण थुंबा से नवंबर 1967 में किया गया। इस राकेट का भार केवल 10 किलोग्राम था।

तब से भारत में अधिकाधिक बड़े और शक्तिशाली राकेटों का निर्माण शुरू हुआ। उसी समय भारत में एक ऐसे शक्तिशाली राकेट के विकास की योजना बनी जो एक छोटे उपग्रह को अंतरिक्ष में स्थापित कर सकता है। साथ ही, आंध्र प्रदेश के समुद्र तट के श्रीहरिकोटा द्वीप में भारत के अंतरिक्ष अड्डे के विकास का कार्य भी शुरू हो गया।

श्री हरिकोटा के अंतरिक्ष केंद्र में स्थापित कोवाइल सर्विस टॉवर

राकेट एक प्रक्षेपास्त्र भी बन सकता है, इसलिए कोई भी देश राकेट टेक्नालॉजी की जानकारी दूसरे देश को नहीं देता। भारत ने अपने शक्तिशाली राकेट एस.एल.वी.-3 का विकास केवल दस साल के भीतर स्वयं अपने बल पर किया। श्रीहरिकोटा के अंतरिक्ष अड्डे से सन् 1980-83 में इस एस.एल.वी.-3 राकेट के सफल प्रक्षेपण हुए। इस राकेट के जरिए करीब 40 किलोग्राम भार के उपग्रह को कक्षा में स्थापित किया गया। इसके साथ ही, अंतरिक्ष में उपग्रह स्थापित करने की क्षमता प्राप्त करने वाला भारत दुनिया का सातवां देश बना।

एस.एल.वी.-3 में प्रयुक्त होनेवाला ठोस प्रणोदक यानी ईंधन भी भारतीय वैज्ञानिकों ने अपने प्रयास से तैयार किया है। इसके बाद ऐसा ही एक अधिक शक्तिशाली राकेट बनाया गया—ए.एस.एल.वी.। सन् 1987 में पहली बार इस राकेट का परीक्षण हुआ। फिर मई 1992 में श्रीहरिकोटा से प्रक्षेपित ए.एस.एल.वी. राकेट ने स्रोस उपग्रह को पार्थिव कक्षा में स्थापित कर दिया। एक अधिक शक्तिशाली राकेट—पी.एस.एल.वी. (ध्रुवीय उपग्रह प्रक्षेपक यान)—भी विकासाधीन था। अक्तूबर 1994 में इस राकेट की दूसरी विकासात्मक उड़ान सफल रही। यह पी.एस.एल.वी. राकेट एक हजार किलोग्राम भार के भूसर्वेक्षण उपग्रह को करीब एक हजार किलोमीटर ऊपर की ध्रुवीय कक्षा में स्थापित कर देने में समर्थ है। इस राकेट के जरिए श्रीहरिकोटा के अंतरिक्ष अड्डे से 26 मई, 1999 को एक साथ तीन उपग्रहों को उनकी नियोजित कक्षा में स्थापित किया गया। इन तीन उपग्रहों में एक (ओशनसैट-1) स्वदेशी था और दो विदेशी। भारतीय राकेट टेक्नालॉजी का यह एक नया कीर्तिमान है।

भूस्थिर उपग्रह प्रक्षेपक यान (जी.एस.एल.वी.) राकेट

अब भारत में एक ऐसा महाशक्तिशाली राकेट लगभग तैयार हो गया है जो हमारे इन्सैट-जैसे भारी संचार उपग्रहों को भूमध्यरेखा के 36,000 किलोमीटर ऊपर की वृत्तीय भूस्थिर कक्षा में स्थापित कर देने में समर्थ होगा। इस राकेट का नाम है—जी.एस.एल.वी. (भूस्थिर उपग्रह प्रक्षेपक यान)। इसरो की सूचना के अनुसार इस जी.एस.एल.वी. राकेट का प्रथम प्रक्षेपण श्रीहरिकोटा से सन् 2000 के प्रथम चरण

में होगा। अपनी पहली उड़ान में यह राकेट 1600 किलोग्राम भार के जी–सैट उपग्रह को कक्षा में स्थापित कर देगा। नई शताब्दी (और नई सहस्त्राब्दी) के प्रथम वर्ष (2001) के साथ भारत राकेट टेक्नालॉजी के मामले में एक नए युग में प्रवेश करेगा—भारत अपने सभी किस्म के उपग्रह अपनी ही भूमि से अपने ही राकेटों द्वारा अंतरिक्ष में स्थापित कर देने में सफल हो जाएगा।

इस तरह, राकेट टेक्नालॉजी के मामले में भारत पुनः एक समर्थ देश बन गया है। आधुनिक राकेट नई उन्नत टेक्नालॉजी पर आधारित है पर हमें स्मरण रखना चाहिए कि आज से दो सौ साल पहले भारत में यूरोप से भी बेहतर राकेट बनते थे। श्रीरंगपट्टन से श्रीहरिकोटा तक की भारतीय राकटों की दास्तान काफी उतार-चढ़ाव की रही है। श्रीरंगपट्टन के राकेटों का इस्तेमाल साम्राज्यवादियों से देश की रक्षा के लिए हुआ था। श्रीहरिकोटा से प्रक्षेपित होने वाले राकेटों का इस्तेमाल अंतरिक्ष अनुसंधान और वैज्ञानिक लाभ के लिए हो रहा है।

हमारा नया राकेट : ए.एस.एल.वी.

एक शक्तिशाली राकेट बनाना बड़ा कठिन और खर्चीला काम है। अब तक दुनिया के केवल सात देश ही ऐसे राकेट बना पाए हैं जिनसे उपग्रहों को अंतरिक्ष में छोड़ा जा सकता है। उन सात देशों में भारत भी है।

हमारे देश में एक ऐसा राकेट बन चुका है जो 40 किलोग्राम भार के एक छोटे उपग्रह को करीब 350 किलोमीटर ऊंची कक्षा में स्थापित कर सकता है। यह है हमारा एस.एल.वी.-3 राकेट। श्रीहरिकोटा के अंतरिक्ष अड्डे से इस राकेट के सफल परीक्षण हो चुके हैं। श्रीहरिकोटा द्वीप आंध्र प्रदेश के समुद्र तट पर है।

अब हमारे देश में एकअधिक शक्तिशाली राकेट बना है। इसका नाम है—ए.एस.एल.वी. (ओग्मेंटेड सैटेलाइट लांच वेहिकल), यानी सुधरा हुआ उपग्रह वाहक यान। चूंकि एस.एल.वी. राकेट में सुधार करके इस नए राकेट को बनाया गया है, इसलिए पहले राकेट के बारे में कुछ बातें जान लेना जरूरी है।

एस.एल.वी.-3 चार खंडों वाला राकेट है। करीब 23 मीटर ऊंचे इस राकेट का कुल भार 17 टन है। चारों खंडों में ठोस प्रणोदक यानी ईंधन भरा जाता है। इसके निचले खंड के खोल का व्यास एक मीटर है और ऊपरी खंड के खोल का व्यास 60 सेंटीमीटर है। इस राकेट में कुल मिलाकर करीब एक लाख कल-पुर्जों का इस्तेमाल हुआ है।

नया ए.एस.एल.वी. राकेट भी काफी हद तक एस.एल.वी. जैसा ही है। इसमें भी चार खंड हैं। चारों खंडों में ठोस ईंधन भरा जाता है लेकिन नई चीज यह है कि इसके निचले खंड के साथ दो बूस्टर राकेट जोड़ दिए गए हैं। बूस्टरों से राकेट की शक्ति काफी बढ़ जाती है। ऐसा राकेट ज्यादा भार के उपग्रह को ज्यादा ऊंचाई तक पहुंचा देता है।

नया ए.एस.एल.वी. राकेट 150 किलोग्राम भार के उपग्रह को 400 किलोमीटर ऊंची कक्षा में स्थापित कर दे सकता है। इस राकेट की पहली उड़ान में स्रोस नामक उपग्रह को पृथ्वी की कक्षा में स्थापित किया जाएगा। दूसरी उड़ान में पश्चिमी जर्मनी में बने एक उपग्रह को कक्षा में छोड़ा जाएगा।

इस नए राकेट को श्रीहरिकोटा से मार्च महीने के अंतिम दिनों में छोड़ने का प्रोग्राम बना है। कभी-कभी मौसम की खराबी के कारण राकेट छोड़ने की तारीख आगे भी बढ़ानी पड़ती है।

अब हमारे देश में ए.एस.एल.वी. से भी अधिक शक्तिशाली एक राकेट बन रहा है। इस राकेट के निचले खंड के साथ छह बूस्टर जोड़े जाएंगे। इसलिए यह राकेट 1000 किलोग्राम के उपग्रह को 1000 किलोमीटर ऊपर की कक्षा में छोड़ने में समर्थ होगा। लेकिन यह कक्षा दोनों ध्रुवों के ऊपर से गुजरेगी। इसीलिए इस नए राकेट का नाम होगा पी.एस.एल.वी. (पोलर सैटेलाइट लांच वेहिकल) यानी उपग्रह को ध्रुवीय कक्षा में छोड़ने वाला यान। यह नया राकेट दो-तीन साल में बनकर तैयार हो जाएगा।

आज हमें अपने बड़े उपग्रहों को अंतरिक्ष में छोड़ने के लिए दूसरे देशों के राकेटों की मदद लेनी पड़ती है लेकिन अब वह समय बहुत दूर नहीं है जब हम अपने शक्तिशाली राकेटों से ही अपने बड़े उपग्रह और अंतरिक्ष यान ऊपर भेजने में समर्थ होंगे। तब हम अपने राकेटों से ही अपने अंतरिक्ष यात्रियों को आसमान की सैर करा सकेंगे।

बहुत से बच्चे समझ नहीं पाते कि राकेट किस तरह ऊपर जाता है और हवा-रहित अंतरिक्ष में कैसे यात्रा करता है। साल में दीपावली के मौके पर छोड़े जाने वाले छोटे राकेटों में और आजकल के बड़े राकेटों में बुनियादी बातें एक-सी हैं।

आतिशबाजी के नन्हे राकेटों की खास चीज है बारूद। हम जानते हैं कि आक्सीजन गैस की मौजूदगी में ही कोई चीज जल सकती है। आमतौर पर यह आक्सीजन हवा से मिलती है पर बारूद में खुद अपनी आक्सीजन होती है। इसलिए नन्हा राकेट भी हवा रहित अंतरिक्ष में यात्रा कर सकता है।

आजकल के बड़े राकेटों में भी अपने आप जल सकने वाला ईंधन भरा जाता है। यह ईंधन बारूद-जैसा ठोस हो सकता है और केरोसीन जैसा तरल भी हो सकता है। राकेट की टंकियों में भरे जाने वाले हाइड्रोजन या आक्सीजन को ठंडा करके तरल बनाया जाता है।

राकेट अपना ईंधन और आक्सीजन साथ लेकर जाता है। इसलिए इसे हवा की आक्सीजन की जरूरत नहीं होती। राकेट की मोटरों में यह ईंधन तेजी से जलता है, गैसें पैदा होती हैं, और ये गैसें बड़ी तेजी से नीचे की ओर दौड़ती हैं। इन्हीं गैसों की ठेल से राकेट ऊपर की ओर दौड़ता है। जो राकेट अंत में करीब एक किलोमीटर प्रति सेकंड का वेग प्राप्त करता है वही एक उपग्रह को कक्षा में स्थापित कर सकता है।

ऐसे राकेट अब हमारे देश में भी बनने लगे हैं। आज से करीब दो सौ साल पहले हमारे देश में यूरोप से भी बेहतर राकेट बनते थे। हैदर अली और टीपू सुलतान के इन राकेटों ने अंग्रेजों के छक्के छुड़ा दिए थे। कुछ ही किलोग्राम का यह राकेट चार किलोमीटर ऊपर पहुंचा था लेकिन तेजी से प्रगति करके अब हमने एक शक्तिशाली राकेट बना लिया है। राकेटों के मामले में भारत अब एक समर्थ देश बन गया है।

भारत का नया शक्तिशाली राकेट—ए.एस.एल.वी.

राकेट टेक्नालॉजी के मामले में भारत अब एक नई मंजिल तय करने वाला है। हमारे अंतरिक्ष विभाग के वैज्ञानिकों ने एक नया शक्तिशाली राकेट बना लिया है। इसी महीने के अंतिम दिनों में आंध्र प्रदेश के श्रीहरिकोटा द्वीप के राष्ट्रीय अंतरिक्ष अड्डे से इस नए राकेट को छोड़ने का प्रोग्राम बना है। नए राकेट का नाम है आग्मेंटेड सैटेलाइट लांच वेहिकल (ए.एस.एल.वी.) यानी संवर्द्धित उपग्रह वाहक यान।

शक्तिशाली राकेट का विकास करना बड़ा कठिन और खर्चीला काम होता है। चूंकि शक्तिशाली राकेट शक्तिशाली प्रक्षेपास्त्र भी बन सकता है, इसलिए आमतौर पर राकेटों को विकसित करने में दूसरे देशों से कोई मदद नहीं मिलती। यही कारण है कि अब तक दुनिया के केवल सात देश ऐसे राकेट बना पाए हैं जिससे उपग्रहों को अंतरिक्ष में छोड़ा जा सकता हो। इसमें भारत भी एक है, जो कि हमारे लिए गर्व की बात है।

एक लाख कल-पुर्जे

एम.एल.वी.-3 चार खंडों वाला राकेट है। करीब 23 मीटर ऊंचे इस राकेट का कुल भार 17 टन है। इसके निचले खंड के खोल का व्यास एक मीटर है और ऊपरी खंड के खोल का व्यास 60 सेंटीमीटर। इसके चारों खंडों में ठोस प्रणोदक (यानी ईंधन) भरा जाता है। भारतीय वैज्ञानिकों ने अपने बलबूते पर ही इस विशिष्ट प्रणोदक का विकास किया है। कुल मिलाकर करीब एक लाख कल-पुर्जों का इस्तेमाल एस.एल.बी. में हुआ है। यह राकेट लगभग 40 किलोग्राम भार के रोहिणी उपग्रह को धरातल से करीब 300 किलोमीटर ऊपर की कक्षा में स्थापित कर देने में सफल हुआ है।

श्रीहरिकोटा के अंतरिक्ष अड्डे से लांच-पैड पर अब जिस नए ए.एस.एल.वी. राकेट को प्रथम परीक्षण के लिए खड़ा किया गया है, वह काफी हद तक एस.एल.वी.-3 जैसा ही है। इस नए राकेट में भी चार खंड हैं और चारों खंडों

में ठोस ईंधन भरा गया है। इसकी भी ऊंचाई 23 मीटर है लेकिन इसमें एक नई बात यह है कि इसके निचले खंड के साथ इसी प्रकार के दो और खंड जोड़ दिए गए हैं। इन आतंरिक राकेट खंडों को बूस्टर कहते हैं। बूस्टरों से राकेट की शक्ति बढ़ जाती है। ऐसा राकेट अधिक भार वाले उपग्रह को अधिक ऊंचाई तक पहुंचा देता है। दो बूस्टर जोड़ने के कारण नए राकेट का भार अब 40 टन है।

हमारा यह नया ए.एस.एल.वी. राकेट 150 किलोग्राम भार के उपग्रह को धरातल से 400 किलोमीटर की ऊंचाई पर ले जाकर कक्षा में छोड़ सकेगा। एस.एल.वी.-3 से जिस उपग्रह को अंतरिक्ष में छोड़ा गया था उसका नाम था 'रोहिणी'। श्रीकृष्ण के जन्म-नक्षत्र के नाम पर उसे यह नाम दिया गया था।

लेकिन अब 150 किलोग्राम भार के जिस उपग्रह को एस.एल.वी.-3 के जरिए अंतरिक्ष में छोड़ा जाएगा उसका नाम है स्टेच्ड रोहिणी सैटेलाइट सीरीज-1, संक्षेप में स्रोस 11 यानी विस्तारित रोहिणी उपग्रह शृंखला-1।

विशिष्ट नाम

हमारे अंतरिक्ष विभाग के वैज्ञानिकों ने राकेटों और उपग्रह के विकास में निश्चय ही विशिष्ट योग्यता का परिचय दिया है परंतु कहना पड़ेगा कि उनके नामकरण में उन्होंने इतनी सूझबूझ से काम नहीं लिया है। पाश्चात्य देशों ने अपने राकेटों और अंतरिक्ष यानों को सैटर्न, टाइटन, अपोलो, एरियनी आदि पौराणिक नाम दिए हैं, लेकिन भारतीय वैज्ञानिकों ने इस मामले में काफी खिचड़ी पकाई है। कुछ भारतीय उपग्रहों को आर्यभट, भास्कर और रोहिणी जैसे ऐतिहासिक और पौराणिक नाम दिए गए हैं तो कुछ को एप्पल, इन्सैट और स्रोस जैसे अंग्रेजी नाम भी दिए गए। भारत द्वारा पूर्णतः अपने बल पर विकसित किए गए राकेटों के नाम भारतीय ही होने चाहिए थे। भारतीय भाषाओं में एस.एल.वी.-3 और ए.एम.एल.वी. जैसे नामों के इस्तेमाल की कठिनाइयां स्पष्ट हैं। जनता की गाढ़ी कमाई से किए जाने वाले अंतरिक्ष अनुसंधान के इन साधनों के नाम ऐसे तो हों, जिनका भारतवासी सहज रूप से उच्चारण कर सकें और उनके साथ मानसिक तादात्म्य जोड़ सकें। ए.एम.एल.वी के विकास में करीब 20 करोड़ रुपये खर्च हुए हैं।

मुसीबत तो यह है कि आगे विकसित किए जाने वाले भारतीय राकेटों और उपग्रहों के नाम अब अंग्रेजी में ही रहेंगे। इन्सैट उपग्रह एक अमेरिकी कंपनी को पैसा देकर बनवाया गया है पर यह विदेशी नाम अब आगे हमारे सभी

संचार उपग्रहों के साथ कायमी तौर पर जुड़ गया है। आगे के अधिक शक्तिशाली भारतीय राकेटों के नाम भी अब अंग्रेजी में ही रहेंगे। यह बड़ी ही दुखदाई स्थिति है।

हां, अब राकेटों की बात पर लौटें। भारत में अब ऐसा भी एक शक्तिशाली राकेट विकासाधीन है, जो एक बड़े उपग्रह को काफी अधिक ऊंचाई वाली कक्षा में छोड़ने में समर्थ होगा। इस राकेट का प्रथम परीक्षण दो ही साल बाद होने वाला है, इसलिए उसके बारे में भी कुछ बातें जान लेना उपयोगी होगा।

इस विकासाधीन राकेट का नाम है—पोलर सैटेलाइट लांच वेहिकल (पी.एस.एल.वी.), यानी ध्रुवीय उपग्रह वाहक यान। इस राकेट से छोड़ा गया उपग्रह दोनों ध्रुवों के ऊपर से गुजरता हुआ पृथ्वी के चक्कर लगाएगा, इसलिए उसके प्रक्षेपक राकेट को यह नाम दिया गया है। पी.एस.एल.वी.-1000 किलोग्राम भार के उपग्रह को करीब 1000 किलोमीटर ऊपर की ध्रुवीय कक्षा में स्थापित कर सकेगा। ए.एस.एल.वी. राकेट के निचले खंड के साथ दो बूस्टर जोड़े गए हैं, जबकि पी.एस.एल.वी. के निचले खंड के साथ छह बूस्टर जुड़े होंगे। इसके अलावा, उसके एक खंड में द्रव प्रणोदक भरा जाएगा।

भूसर्वेक्षक उपग्रह

इस पी.एस.एल.वी. राकेट के जरिए करीब 1000 किलोग्राम भार का जो उपग्रह अंतरिक्ष में छोड़ा जाएगा वह एक भूसर्वेक्षक उपग्रह है। बेंगलूर के उपग्रह केंद्र के वैज्ञानिक उसके निर्माण में जुटे हुए हैं। चूंकि अभी हमारा पी.एस.एल.वी. राकेट बना नहीं है इसलिए इस भूसर्वेक्षक उपग्रह (आई.आर.एस.) को इसी साल के अंत में एक सोवियत राकेट के जरिए ध्रुवीय कक्षा में स्थापित किया जाएगा। आगे के इस ढंग के भूसर्वेक्षण उपग्रह हम अपने ही पी.एस.एल.वी. राकेटों से अंतरिक्ष में छोड़ सकेंगे।

बेशक भारत ने दो दशकों में ही राकेटों के निर्माण के मामले में काफी तेजी से प्रगति की है फिर भी हम ऐसा कोई राकेट अभी तक नहीं बना पाए हैं। जो हमारे इन्सैट जैसे बड़े संचार उपग्रहों को भूस्थिर कक्षा में स्थापित कर सके। भूमध्यरेखा के 36000 किलोमीटर ऊपर की कक्षा को भूस्थिर कक्षा कहते हैं। इस कक्षा में स्थापित उपग्रह 24 घंटों में पृथ्वी का एक चक्कर लगाता है, इसलिए धरातल के सापेक्ष यह स्थिर स्थिति में बना रहता है।

लेकिन वह दिन अब बहुत अधिक दूर नहीं जब हम अपने इन्सैट उपग्रहों को अपने ही शक्तिशाली राकेटों से भूस्थिर कक्षा में स्थापित करने लगेंगे। इन राकेटों के विकास की योजना बनकर तैयार हो गई है।

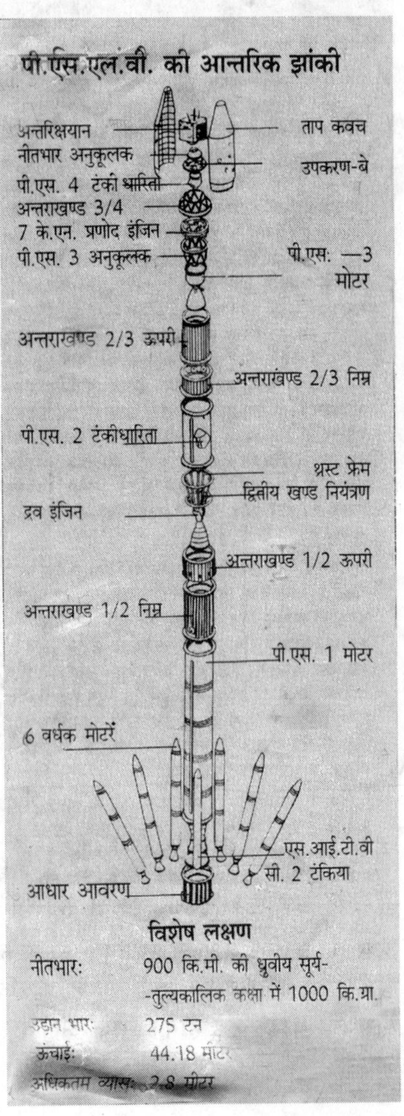

सीधे ही कोई शक्तिशाली राकेट बना लेना संभव नहीं होता। क्रमशः अधिकाधिक शक्तिशाली राकेट बनाते-बनाते ही लक्ष्य तक पहुंचा जा सकता है। अब हमारे वैज्ञानिकों ने ए.एस.एल.वी. का निर्माण कर लिया है तो कहा जा सकता है कि हम उस लक्ष्य के काफी नजदीक पहुंच गए हैं।

फिलहाल अपने इन्सैट उपग्रहों को भूस्थिर कक्षा में स्थापित करवाने के लिए हम विदेशी राकेटों पर आश्रित हैं। हमारा इन्सैट-1 सी उपग्रह फरवरी 1988 में यूरोपीय अंतरिक्ष एजेंसी के एरियनी राकेट के जरिए 36000 किलोमीटर ऊपर की भूस्थिर कक्षा में छोड़ा जाएगा।

ध्रुवीय उपग्रह लांच यान

एक उपग्रह को पृथ्वी की कक्षा में स्थापित कर सकने में समर्थ नवनिर्मित भारतीय राकेट के परीक्षण का यह तीसरा अवसर है। सैटेलाइट लांच वेहिकल यानी उपग्रह लांच यान नामक इस राकेट को संक्षेप में एस.एल.वी.-3 नाम दिया गया है। इस राकेट का पहला प्रयोग 10 अगस्त, 1979 को किया गया था। श्रीहरिकोटा के अंतरिक्ष अड्डे से यह राकेट ऊपर उठा, इसके प्रथम खंड ने सफलतापूर्वक कार्य किया और यह राकेटयान से पृथक् होकर बंगाल की खाड़ी में आ गिरा। लेकिन राकेट के दूसरे खंड की नियंत्रण प्रणाली में खराबी आ जाने के कारण यह परीक्षण असफल रहा। वैसे भी यह प्रथम परीक्षण केवल राकेट की उड़ान की जांच के लिए था, उसके सिरे पर कोई उपग्रह स्थापित नहीं किया गया था।

इस राकेट का दूसरा परीक्षण 28 जुलाई, 1980 को हुआ और पूर्णतः सफल रहा। इस बार राकेट के ऊपरी चौथे खंड में 35 किलोग्राम भार का रोहिणी-1 नामक एक उपग्रह स्थापित किया गया था। यह उपग्रह सफलतापूर्वक पृथ्वी की कक्षा में स्थापित हो गया अर्थात् इसने पृथ्वी की परिक्रमाएं आरंभ कर दीं। इस उपग्रह की दीर्घवृत्ताकार कक्षा का सर्वोच्च बिंदु धरातल से 914 किलोमीटर ऊपर था और निम्नोच्च बिंदु 310 किलोमीटर ऊपर।

एक उपग्रह को पार्थिव कक्षा में स्थापित करनेवाले राकेटयान का निर्माण और उसका यह सफल परीक्षण भारत के लिए बहुत बड़ी उपलब्धि थी। एक उपग्रह को कक्षा में स्थापित करनेवाले राकेट का निर्माण, इसके पहले दुनिया के केवल पांच देश ही कर पाए हैं—सोवियत संघ, अमेरिका, फ्रांस, जापान और चीन। इस क्षेत्र में छठा स्थान अब भारत का है।

इस सफल उड़ान में कक्षा में स्थापित किया गया 35 किलोग्राम भार का रोहिणी-1 उपग्रह एक विशुद्ध तकनीकी उपग्रह है। इसकी स्थापना का प्रयोजन था राकेट के लांच के 12 मिनट के दौरान राकेट के वेग, राकेट के कंपन संबंधी आंकड़े चौथे खंड के चक्रण-वेग आदि के बारे में जानकारी हासिल करना।

इस एस.एल.वी-3 राकेट का तीसरा परीक्षण 22 मई को प्रात:काल किया जानेवाला था। श्रीहरिकोटा के अंतरिक्ष अड्डे में इसके लिए सारी तैयारियां लगभग पूर्ण हो चुकी थीं परंतु दो दिन पहले, किसी कारणवश, 22 मई की निर्धारित उड़ान को स्थगित कर दिया गया है। इन पंक्तियों के लिखे जाते समय केवल इतनी ही सूचना मिली है कि अब यह परीक्षण 26 मई के अनंतर किसी दिन होगा।

एस.एल.वी.-3 के इस तीसरे परीक्षण में राकेट पहले-जैसा ही है परंतु उपग्रह कुछ भिन्न किस्म का है। इस बार रोहिणी उपग्रह का भार 38 किलोग्राम है। इसमें कुछ विशिष्ट कैमरा भी स्थापित किया गया है। यह उपग्रह पृथ्वी की परिक्रमा करते समय चक्रण करता रहेगा और प्रत्येक चक्रण में धरातल का एक-एक चित्र उतारता जाएगा। ऐसे 80 चित्रों को जोड़ने से 250 किलोमीटर लंबे और 80 किलोमीटर चौड़े धरातल का एक संयुक्त चित्र तैयार होगा। रोहिणी उपग्रह में स्थापित उपकरण ऐसे चित्रों को धरातल पर भेजेंगे।

आगे के परीक्षणों में ठीक इसी प्रकार के एस.एल.वी.-3 राकेट का नहीं, बल्कि अधिक विकसित राकेटों का इस्तेमाल होगा। वर्तमान एस.एल.वी.-3 राकेट चार खंडों का है, इनमें ठोस प्रणोदकों का इस्तेमाल होता है। पेंसिल के आकार के इस चार खंडीय राकेट की ऊंचाई 23 मीटर है और भार 17 टन।

अगले परीक्षण में भी इसी ठोस प्रणोदक चार खंडीय राकेट का इस्तेमाल होगा, पर उसमें कुछ सुधार किया होगा। उसके साथ दो मोटर और जोड़ी जाएगी। यह संवर्द्धित राकेट 150 किलोग्राम भार के उपग्रह को पार्थिव कक्षा में स्थापित करेगा।

इसके आगे के भारतीय राकेट—उपग्रह प्रक्षेपक को 'ध्रुवीय उपग्रह लांच यान' का नाम दिया गया है। यह एक काफी महत्त्वपूर्ण परीक्षण होगा। इसमें जिस राकेट का इस्तेमाल होगा उसके दूसरे खंड में ठोस प्रणोदक के स्थान पर द्रव प्रणोदक का इस्तेमाल होगा। यह राकेट 600 किलोग्राम भार के एक उपग्रह को ध्रुवीय कक्षा में स्थापित करेगा अर्थात् यह उपग्रह ध्रुवों के ऊपर से पृथ्वी की परिक्रमा करेगा। इसके परीक्षण का कार्य शुरू हो गया है। तमिलनाडु के कन्याकुमारी जिले के महेंद्रगिरि क्षेत्र में द्रव प्रणोदक मोटरों के परीक्षण के लिए केंद्र स्थापित किया जा रहा है। इस शक्तिशाली राकेट को प्रक्षेपित करने के लिए श्रीहरिकोटा में 65 मीटर ऊंचा एक नया लांच टावर खड़ा किया जा रहा है। इस ध्रुवीय उपग्रह लांच यान का परीक्षण 1984-85 में होगा। इसके आगे का प्रयास होगा एक ऐसे राकेटयान का निर्माण जो संचार-संबंधी उपकरणों से युक्त करीब 600 किलोग्राम भार के एक उपग्रह को करीब 36000 किलोमीटर ऊंची पार्थिव कक्षा में स्थापित कर सके। इतनी ऊंचाई पर स्थापित उपग्रह लगभग उतने ही समय में पृथ्वी का एक चक्कर

लगाता है जितने समय में पृथ्वी अपनी धुरी पर एक चक्कर लगाती है, इसलिए ऐसा उपग्रह धरातल के एक स्थान के ऊपर स्थिर बना रहता है। वर्तमान दशक की समाप्ति के पहले ही भारत ऐसा एक उपग्रह पूर्णत: अपने ही प्रयास से पार्थिव कक्षा में स्थापित करने में सफल होगा।

उपर्युक्त जानकारी से यह स्पष्ट है कि विविध किस्म के अंतरिक्ष अनुसंधान में बुनियादी चीज है राकेटयान और यह एक ऐसी चीज है जिसके विकास में कोई देश दूसरे देश की मदद नहीं करता क्योंकि अधिकाधिक शक्तिशाली राकेट के निर्माण का अर्थ है अधिकाधिक शक्तिशाली प्रक्षेपणास्त्र का भी निर्माण।

इतालवी भाषा का यह 'रॉकेट' शब्द अब दुनिया की सारी भाषाओं में प्रचलित हो गया है, आम जनता तक रूढ़ हो गया है पर राकेटयान की कुछ बुनियादी विशेषताओं के बारे में अब भी बहुतों को सही जानकारी नहीं है। राकेट एक यांत्रिक वाहन है, एक विशिष्ट प्रकार का वाहन। अंतरिक्ष शब्द का अर्थ है धरातल से करीब 100 किलोमीटर परे के लगभग निर्वात आकाश का विस्तार। ऐसे निर्वात अंतरिक्ष में केवल राकेटयान ही यात्रा कर सकता है अन्य कोई यान नहीं। दूसरे यान, भाप इंजन या भाप टरबाइन द्वारा संचालित यान, ईंधन को जलाने के लिए वायुमंडल में मौजूद आक्सीजन का इस्तेमाल करते हैं। राकेट अपने ईंधन और आक्सीजन को अपने साथ लेकर उड़ता है, यह वायुमंडल के आक्सीजन पर आश्रित नहीं रहता। दरअसल, वायुमंडल राकेट की उड़ान में एक प्रकार से बाधक ही होता है। राकेट निर्वात अंतरिक्ष में अधिक क्षमता से काम करता है।

राकेट में ईंधन भरा रहता है और इसे सतत और तीव्रता से प्रज्वलित रखने के लिए आक्सीजन भी भरा रहता है। राकेट के ईंधन और आक्सीजन को तकनीकी भाषा में प्रणोदक कहते हैं। राकेट के नीचे के हिस्से के एक प्रकोष्ठ में आक्सीजन के सहयोग से ईंधन का दहन होता रहता है। परिणामत: जो गैसें पैदा होती हैं वे प्रकोष्ठ के एक तुंड में से तीव्र वेग से बाहर दौड़ती हैं। इससे गैसीय प्रवाह की विपरीत दिशा में ठेल पैदा होती है। किसी बंदूक से यदि गोली दागी जाए तो बंदूक में भी पीछे की ओर इसी प्रकार की ठेल पैदा होती है। हवा भरे गुब्बारे का मुंह खोल दिया जाए तो वह गुब्बारा भी इसी प्रकार विपरीत दिशा में अग्रसर होता है। आतिशबाजी के राकेट छोटे भले ही हों, पर वे इसी सिद्धांत के अनुसार बारूद के रूप में अपने प्रणोदक को साथ लेकर ऊपर उड़ते हैं।

बारूद का आविष्कार चीन में हुआ था, करीब एक हजार साल पहले। गंधक, शोरा (पोटाशियम नाइट्रेट) और काठ-कोयले के मिश्रण से बारूद बनती है। बारूद के चूर्ण में ईंधन और वह आक्सीकर दोनों मौजूद रहते हैं 1780 ई. में यानी आज से दो सौ साल पहले श्रीरंगपट्टन के शासक हैदरअली ने अंग्रेज-सेना के

विरुद्ध राकेटों का इस्तेमाल करके उन्हें चकित कर दिया था। हैदरअली और उसके बेटे टीपू सुलतान ने राकेट संचालकों की एक टुकड़ी ही तैयार की थी। करीब पांच किलोग्राम भार के ये राकेट डेढ़ किलोमीटर तक मार करने में समर्थ थे। हैदरअली के इन्हीं राकेटों को एक अंग्रेज कर्नल विलियम कांग्रेव ने और अधिक विकसित किया और तब यूरोप व अमेरिका के अनेक युद्धों में इनका इस्तेमाल हुआ।

प्रयुक्त प्रणोदक के अनुसार आज के शक्तिशाली राकेट मुख्यत: दो प्रकार के हैं। एक वे जिनमें ठोस प्रणोदक का इस्तेमाल होता है और दूसरे वे जिनमें द्रव प्रणोदक का इस्तेमाल होता है। भारत के चार खंडीय एस.एल.वी.-3 में ठोस प्रणोदक का इस्तेमाल होता है, इसलिए यहां हम प्रमुख रूप से ठोस प्रणोदक राकेट की ही चर्चा करेंगे।

ऊपर हम बता चुके हैं कि राकेट में ईंधन भरा रहता है और उसे प्रज्वलित रखने के लिए आक्सीकर भी उसी में भरा रहता है। ईंधन और आक्सीजन द्रवरूप हो सकते हैं। जैसे, द्रव ईंधन हो सकता है कैरोसीन और द्रव आक्सीकर हो सकता है द्रव आक्सीजन, या हाइड्रोजन परआक्साइड या नाइट्रिक एसिड। राकेट में द्रव ईंधन और द्रव आक्सीकर की अलग-अलग टंकियां स्थापित की जाती हैं। शक्तिशाली ईंधनों के पंप इन दोनों द्रवों को राकेट के दहन-प्रकोष्ठ में प्रक्षेपित करते हैं, जहां इनका दहन होता है, गैसें पैदा होती हैं, और इस प्रकार राकेट को ठेल प्राप्त होती है। द्रव प्रणोदक से राकेट के संचालन व नियंत्रण में सुविधा होती है, इसलिए आज के सर्वाधिक शक्तिशाली राकेटों में द्रव प्रणोदकों का ही इस्तेमाल होता है। कुछ ऐसे भी अकेले प्रणोदक हैं जो दहन-प्रकोष्ठ में पहुंचकर विखंडित होते हैं, जैसे—हाइड्रोजन परआक्साइड। इन्हें एक-प्रणोदकी राकेट कहते हैं।

ठोस प्रणोदक राकेट में ईंधन और आक्सीकर एक मिश्रण के रूप में होते हैं। दरअसल इस मिश्रण के लिए ठोस शब्द उपयुक्त नहीं है। क्योंकि जो मिश्रण तैयार होता है वह लपसी या रबर-जैसा होता है। एक बड़ी बेकरी में डबलरोटी या बिस्कुटों को तैयार करने के लिए गूंधने की जिन मशीनों का प्रयोग होता है लगभग उसी प्रकार की मशीनों से ठोस प्रणोदकों का मिश्रण तैयार किया जाता है।

ठोस प्रणोदक राकेट में अमोनियम परक्लोरेट जैसे ठोस मणिभीय आक्सीकर का और पोलीयूरेथीन या पोलीबूटेछिटन जैसे ईंधन व बंधकों का इस्तेमाल होता है। इन्हें तैयार करने में, इन्हें संचित रखने में, अनेक तकनीकी कठिनाइयां हैं, पर भारतीय वैज्ञानिकों ने इनमें सफलता प्राप्त कर ली है। हमारे देश में थुंबा स्थित विक्रम साराभाई अंतरिक्ष केंद्र में राकेट तैयार किए जाते हैं, इन राकेटों के लिए प्रणोदक तैयार किए जाते हैं।

हम बता चुके हैं कि द्रव प्रणोदक राकेट में ईंधन और ऑक्सीकर को अलग-अलग टंकियों में स्थापित किया जाता है, एक पृथक् प्रकोष्ठ में इनके मिश्रण का दहन होता है परंतु ठोस प्रणोदक राकेट में पृथक् दहन-प्रकोष्ठ नहीं होता। विशिष्ट इस्पात का एक बेलनाकार खोल होता है। इसी के भीतर ठोस प्रणोदक का लपसी जैसा मिश्रण खास तरीके से स्थापित किया जाता है। यदि पूरे खोल में यह ठोस प्रणोदक पूरा भरा जाता है तो यह एक सिरे से सिगरेट की तरह जलता जाएगा लेकिन यदि प्रणोदक को ऐसा भरा जाता है कि खोल की पूरी लंबाई में बीच में खाली स्थान रहता है, तो पूरी लंबाई में एक साथ दहन की क्रिया जारी रहेगी, पूरी लंबाई में बीच से खोल की दीवारों की ओर बढ़ती जाएगी। ठोस प्रणोदक राकेट में बीच में यह खाली जगह विभिन्न आकार की रखी जा सकती है। सारांश यह कि ठोस प्रणोदक राकेट में इसके प्रत्येक खंड का खोल साथ ही इसका दहन कक्ष भी होता है। गैसों के निकास के लिए इसके साथ एक तुंड जुड़ा रहता है। एस.एल.वी.-3 राकेट ऐसे ही चार खंडों को जोड़कर बनाया गया है।

ऐसे ठोस प्रणोदक राकेटों के निर्माण की विधि द्रव प्रणोदक राकेटों के निर्माण की विधि से कुछ सरल है। परंतु ठोस प्रणोदक राकेट की अपनी कुछ त्रुटियां भी हैं। ऐसे राकेट में एक बार दहन-प्रक्रिया चालू हो जाने के बाद उसे बंद नहीं किया जा सकता, न ही राकेट की ठेल को सुविधानुसार कम-ज्यादा किया जा सकता है। इन सब त्रुटियों के बावजूद आधुनिक शक्तिशाली राकेटों में प्रथम खंड के लिए ठोस प्रणोदक को ही अधिक उपयुक्त माना जाता है क्योंकि यह अल्पावधि में अधिक ठेल पैदा कर सकता है। भारत के अगले राकेट में प्रथम खंड ठोस प्रणोदक का ही रहेगा, दूसरे खंड में द्रव प्रणोदक का इस्तेमाल होगा।

भारत में अंतरिक्ष अनुसंधान का कार्य आरंभ हुए अभी पूरे दो दशक भी नहीं हुए हैं। थुंबा में विषुववृत्तीय राकेट लांच केंद्र की स्थापना नवंबर 1963 में हुई। आरंभ में वायुमंडलीय अध्ययन के लिए हमें अमेरिका से राकेट प्राप्त हुए, फिर सोवियत संघ से। थुंबा चुंबकीय विषुववृत्त पर होने के कारण वायुमंडल राकेटों के अध्ययन के लिए यह एक अत्यंत उपयुक्त स्थान है। इसीलिए थुंबा केंद्र को एक अंतर्राष्ट्रीय महत्त्व प्राप्त हुआ है।

आंध्र प्रदेश के समुद्रतट के समीप का 33,000 एकड़ क्षेत्र में फैला श्रीहरिकोटा द्वीप भी एक उपयुक्त अंतरिक्ष अड्डा है। यहां से पूर्व की ओर छोड़े गए राकेटों को पृथ्वी की पूर्व की ओर की गति का अतिरिक्त वेग सहज ही प्राप्त हो जाता है। दूसरी बात यह है कि पूर्व की ओर छोड़े गए राकेट के निचले खंड बंगाल की खाड़ी में गिर जाते हैं। भारत के इस अंतरिक्ष अड्डे में सभी आवश्यक साधन शनैः-शनैः जुटाए जा रहे हैं।

भारत में निर्मित पहला उपग्रह आर्यभट सोवियत संघ के एक राकेट के जरिए पार्थिव कक्ष में स्थापित किया गया था 19 अप्रैल, 1975 को। इसके बाद भास्कर नामक दूसरा उपग्रह सोवियत राकेट के जरिए ही 7 जून, 1979 को पार्थिव कक्षा में स्थापित किया गया। अब तीसरे उपग्रह को भेजने की बारी है। एस.ई.ओ.-2 नामक इस उपग्रह में ऐसे यंत्र-उपकरण स्थापित हैं जो ऊपर से धरातल का व्यापक अध्ययन करेंगे। भारतीय वैज्ञानिकों द्वारा निर्मित यह उपग्रह भी एक सोवियत राकेट द्वारा पार्थिव कक्षा में स्थापित किया जाएगा। ताजी जानकारी के अनुसार अब यह उपग्रह इसी वर्ष एक सोवियत अंतरिक्ष अड्डे से अक्तूबर के अंत में छोड़ा जाएगा। ये सभी भारतीय उपग्रह बेंगलूर स्थित अंतरिक्ष अनुसंधान केंद्र में तैयार किए गए हैं।

इसी केंद्र के वैज्ञानिकों ने एक और उपग्रह तैयार किया है। इसका नाम है 'एप्पल'। यह शब्द एरियनी पैसेंजर पे लोड एक्सपेरिमेंट' शब्दों के आद्याक्षरों से बना है। यूरोपीय स्पेस एजेंसी द्वारा निर्मित एरियन नामक राकेट द्वारा इस भारतीय संचार उपग्रह को करीब 36000 किलोमीटर ऊपर की स्थिर कक्षा में 1980 में ही स्थापित कर देने की योजना थी पर राकेट के ही तैयार न हो सकने के कारण यह उपग्रह अभी तक भेजा नहीं गया है। आशा है, इस वर्ष के अंत तक एप्पल को कक्षा में स्थापित करना संभव होगा।

ऊपर हम बता चुके हैं कि विषुववृत्त के करीब 36000 किलोमीटर ऊपर यदि किसी उपग्रह को कक्षा में स्थापित किया जाए वह पृथ्वी की दैनंदिन गति के कारण उसके नीचे के धरातल के सापेक्ष स्थिर रहता है। ऐसा स्थिर उपग्रह एक प्रकार से उतनी ऊंचाई के टेलीविजन टावर की तरह काम करता है। इसलिए संचार-संबंध की दृष्टि से ऐसा उपग्रह बड़े महत्त्व का साबित हुआ। कई देशों ने विषुववृत्त पर ऐसे कई सारे संचार उपग्रह स्थापित किए हैं। विषुववृत्त के करीब 36000 किलोमीटर ऊपर की इस महत्त्वपूर्ण कक्षा में विभिन्न देशों के उपग्रहों के लिए स्थान निर्धारित कर दिए गए हैं। एक निश्चित अवधि तक भारत को अपना स्थान भर लेना है।

आज भारत के पास ऐसा राकेट नहीं है जो एक संचार उपग्रह को 36000 किलोमीटर ऊंची कक्षा में स्थापित कर सके। इसलिए विवश होकर हमें दूसरों की शरण में जाना पड़ रहा है। 'एप्पल' को प्रक्षेपित करने के लिए हम करीब 16 करोड़ रुपये खर्च कर रहे हैं। इसी प्रकार, एक स्थिर कक्षीय संचार उपग्रह के निर्माण तथा उसके प्रक्षेपण के बारे में नासा से भी हमारा अनुबंध हुआ है। इन्सैट नामक यह उपग्रह अनुबंध के अनुसार अब तक भेजा जाना चाहिए था पर नासा की ओर से अभी तक ऐसा नहीं हो पाया है। हालांकि इस उपग्रह के लिए हम नासा को पैसा दे रहे हैं।

लेकिन अंतरिक्ष अनुसंधान के मामले में हम धीरे-धीरे अधिकाधिक आत्मनिर्भर बनते जा रहे हैं। आज हमने एक ऐसा राकेट बना लिया है जो करीब 40 किलोग्राम भार के उपग्रह को समीप की पार्थिव कक्षा में स्थापित कर सकता है। अमेरिका का पहला उपग्रह एक्सप्लोरर-1 केवल 14 किलोग्राम का था।

उपग्रहों के निर्माण में हमारे वैज्ञानिकों ने काफी उन्नति कर ली है। एप्पल जैसे संचार उपग्रह का निर्माण किया। सात-आठ साल के बाद ऐसे उपग्रहों को 36000 किलोमीटर ऊपर की स्थिर कक्षा में स्थापित कर सकने वाले राकेटों का निर्माण भी अवश्य संभव होगा। इस दिशा में प्रयत्न शुरू हो गए हैं।

और, एक भारतीय व्यक्ति को अंतरिक्ष में भेजना कब संभव होगा? इस दिशा में भी अब शुरुआत हो गई है। सोवियत संघ के साथ जो अनुबंध हुआ है उसके अनुसार भारतीय व्यक्तियों को अंतरिक्ष यात्रा के लिए प्रशिक्षित किया जाएगा, और तब तक एक सोवियत अंतरिक्ष यान में एक अन्य यात्री के साथ यह भारतीय भी अंतरिक्ष की यात्रा करेगा।

और तब संभवतः अगले दशक के मध्य में हम पूर्णतः अपने ही साधनों से अपने यात्रियों को अंतरिक्ष में भेजने में और उन्हें धरती पर सकुशल वापस उतारने में अवश्य ही सफलता प्राप्त करेंगे।

परिशिष्ट

ईसवी सन्		राकेटों का विकास-क्रम
1044	:	एक चीनी पुस्तक वु-चिङ्त्सुङ्-याओ में पहली बार अग्निचूर्ण (बारूद) बनाने का फार्मूला देखने को मिलता है।
1232	:	काइफेङ् के युद्ध में चीनी सेना ने मंगोल सेना पर अग्निबाण (राकेट) बरसाए।
लगभग 1250	:	यूरोप के देशों को बारूद की जानकारी मिली।
1280	:	एक अरबी पुस्तक में बारूद और राकेटों की जानकारी।
लगभग 1400	:	भारतीयों को बारूद की जानकारी मिली। तब से कई भारतीय ग्रंथों में अग्निचूर्ण, अग्निबाण तथा अग्निक्रीड़ा (आतिशबाजी) के उल्लेख।
1780-99	:	हैदरअली और उसके बेटे टीपू सुलतान ने अंग्रेजों की फौज के खिलाफ राकेटों का इस्तेमाल किया।
1801-02	:	इंग्लैंडवासी विलियम कांग्रेव द्वारा भारतीय राकेटों पर प्रयोग।
1806-14	:	कांग्रेव द्वारा विकसित राकेटों का ब्रिटेन ने कई युद्धों में प्रयोग किया।
1903	:	रूसी वैज्ञानिक त्सिओल्कोवस्की की राकेट की संरचना और अंतरिक्ष यात्रा से संबंधित गवेषणाओं का प्रकाशन।
1909	:	अमरीकी वैज्ञानिक रॉबर्ट गोडार्ड द्वारा द्रव-ईंधन युक्त राकेट से संबंधित आरंभिक शोधकार्य।
1926	:	गोडार्ड द्वारा द्रव-ईंधन युक्त राकेट का परीक्षण।
1929	:	जर्मन वैज्ञानिक हरमान ओबर्थ ने द्रव-ईंधन वाले राकेट इंजनों पर प्रयोग किए और बाद में जर्मनी के सैनिक राकेटों के विकास में योग दिया।
1939-45	:	जर्मनी में सैनिक व्यवस्था के अंतर्गत राकेट पर अनुसंधान और अंत में वी-2 राकेट का निर्माण। महायुद्ध के बाद कई वी-2

		राकेट और वेर्नहेर फॉन ब्राउन जैसे कुछ राकेट विशेषज्ञ अमेरिका पहुंचे।
1957	:	सोवियत संघ ने संसार का पहला कृत्रिम उपग्रह स्पूतनिक-1 कक्षा में स्थापित किया।
1961	:	प्रथम मानव यूरी गगारिन की वोस्तोक-यान में अंतरिक्ष यात्रा।
1963	:	थुंबा से पहली बार विदेशी साउंडिंग राकेटों का प्रक्षेपण।
1967	:	भारत में बने रोहिणी-75 राकेट का थुंबा से सफल प्रक्षेपण।
1969	:	अमेरिका के शक्तिशाली सैटर्न-5 राकेट द्वारा प्रक्षेपित अपोलो-11 यान के अंतरिक्ष यात्री आर्मस्ट्रांग, कॉलिंस व एल्ड्रिन की ऐतिहासिक चंद्रयात्रा। 21 जुलाई को आर्मस्ट्रांग व एल्ड्रिन चंद्रतल पर उतरे।
1969	:	(15 अगस्त) भारतीय अंतरिक्ष अनुसंधान संगठन (इसरो) का गठन।
1980-83	:	श्रीहरिकोटा से एस.एल.वी.-3 राकेट के प्रक्षेपण।
1987-92	:	श्रीहरिकोटा से ए.एस.एल.वी. राकेट के प्रक्षेपण।
1993-99	:	श्रीहरिकोटा से पी.एस.एल.वी. राकेट के प्रक्षेपण।
1999	:	(26 मई) श्रीहरिकोटा से प्रक्षेपित पी.एस.एल.वी-सी2 राकेट ने एक साथ तीन उपग्रह कक्षा में स्थापित कर दिए।
2000	:	श्रीहरिकोटा से जी.एस.एल.वी. राकेट की प्रस्तावित प्रथम उड़ान।

❑❑❑